U0839626

珍藏本
纪念版

汉译世界学术名著丛书

劝学篇

〔日〕福泽谕吉 著

群力 译

东尔 校

SINCE 1897 The Commercial Press

2017年·北京

福澤諭吉著

学問のすすめ

東京岩波書店 1978 年 1 月第 34 刷改版發行

据日本岩波书店"岩波文库"1978 年版译出,并参考中央公论社"日本名著"丛书《福泽谕吉集》所载原文校订。

汉译世界学术名著丛书
（120年纪念版·珍藏本）
出版说明

2017年2月11日，商务印书馆迎来120岁的生日。120年前，商务印书馆前贤怀揣文化救国的理想，抱持“昌明教育，开启民智”的使命，立足本土，放眼寰宇，以出版为津梁，沟通中西，为中国、为世界提供最富智慧的思想文化成果。无论世事白云苍狗，潮流左右激荡，甚至战火硝烟弥漫，始终践行学术报国之志，无改初心。

迻译世界各国学术名著，即其一端。早在20世纪初年便出版《原富》《天演论》等影响至今的代表性著作，1950年代后更致力于外国哲学和社会科学经典的译介，及至1980年代，辑为“汉译世界学术名著丛书”，汇涓为流，蔚为大观。丛书自1981年开始出版，历时三十余年，迄今已推出七百种，是我国现代出版史上规模最大、最为重要的学术翻译工程。

丛书所选之书，立场观点不囿于一派，学科领域不限于一门，皆为文明开启以来，各时代、各国家、各民族的思想与文化精粹，代表着人类已经到达过的精神境界。丛书系统译介世界学术经典，引领时代思想，为本土原创学术的发展提供丰富的文化滋养，为推动中国现代学术和现代化进程做出了突出的贡献。

为纪念商务印书馆成立120周年，我们整体推出“汉译世界学术名著丛书”120年纪念版的珍藏本，寄望既利于文化积累，又便于研读查考，同时向长期支持丛书出版的译者、编者和读者致以敬意。

两甲子后的今天，商务印书馆又站在了一个新的历史时间节点上。我们不仅要铭记先辈的身影和足迹，更须让我们的步伐充满新的时代精神。这是商务人代代相传的事业，更是与国家和民族的命运始终紧密相连的事业。我们责无旁贷，必须做好我们这代人的传承与创造，让我们的努力和成果不仅凝聚成民族文化的记忆，还能成为后来人可以接续的事业。唯此，才能不负前贤，无愧来者。

商务印书馆编辑部

2017年10月

目　　次

合订本《劝学篇》序

本篇是我在读书之暇随时写下来的。从明治五年（1872 年）二月发表的第一篇起，到明治九年十一月发表的第十七篇为止，截至现在，发行总数约有七十万册，其中第一篇不下二十万册。加之以前版权法不严，伪版流传很多，其数也可能有十多万册。假定第一篇的真伪版本共达二十二万册，以之与日本的三千五百万人口相比较，则国民一百六十人中必有一人读过此书。这是自古以来罕有的发行量，由此可以看出近来学问迅速发展的趋势。

本书所载论文，有的是随时适应急需而写的，有的是展望远景而作的。因系匆匆执笔，所以各篇中可能有的意义很浅近，有的却近似迂阔。现在把它合订成一本，骤然通读全书，或者会感到前后论旨不相连贯，但如稍为深入思考，在文句之外加以吟味，就可以发现全篇的论旨是不相违背的。

本书发行已有九年，先进学者如已看过以前出版的单行本，当然不必再读这一合订本，合订本只是为着今后的进步人士编订的，爰将本编的经过和体裁简述如上。

福泽谕吉志

明治十三年（1880 年）七月三十日

第 一 篇

"天不生人上之人，也不生人下之人"，这就是说天生的人一律平等，不是生来就有贵贱上下之别的。人类作为万物之灵，本应依凭身心的活动，取得天地间一切物资，以满足衣食住的需要，大家自由自在、互不妨害地安乐度日。但如环顾今日的人间世界，就会看到有贤人又有愚人，有穷人又有富人，有贵人又有贱人，他们之间似乎有天壤之别。这究竟是怎么一回事呢？理由很明显。《实语教》[①]说："人不学无智，无智者愚人。"所以贤愚之别是由于学与不学所造成的。加之，世间有困难的工作，也有容易的工作，做困难工作的叫做身份高的人，做容易工作的叫做身份低的人。大凡从事操心劳神和冒风险的工作是困难的，使用手足从事劳力的工作是容易的。因此把医生、学者、政府官吏、做大买卖的巨商和雇用许多帮工的富农叫做身份高的贵人。由于身份高贵，家里也自然富足起来，从下面的人看来就高不可攀了。但如追根溯源，就可以知道这只是其人有无学问所造成的差别，并不是天命注定的。俗语说："天不给人富贵，人们须凭勤劳来获得富贵。"所以如上所述，人们生来并无富贵贫贱之别，唯有勤于学问、知识丰富的人才

① 《实语教》：日本古代的蒙学读本。全书由"山高故不贵，以有树为贵"开始，到"是学文之始，终身勿忘失"结束，系用汉诗式五言连句组成。内容强调智慧之道在于学习。——校者

能富贵，没有学问的人就成为贫贱。

所谓学问，并不限于能识难字，能读难懂的古文，能咏和歌[①]和做诗等不切人世实际的学问。这类学问虽然也能给人们以精神安慰，并且也有些益处，但是并不像古来世上儒学家和日本国学家们所说的那样可贵。自古以来，很少汉学家善理家产；善咏和歌，而又精于买卖的商人也不多。因此有些具有心机的商贾农人，看到子弟全力向学，却担心家业中落，这种做父亲的心情是可以理解的，这就是这类学问远离实际不切合日常需要的明证。所以我们应当把不切实际的学问视为次要，而专心致力于接近世间一般日用的实学[②]，如学习伊吕波[③]四十七个字母，练习写信记账，学会打算盘和使用天平等等。更进一步，还有很多要学习的学科。例如地理学介绍日本国内及世界万国的风土情况；物理学考察天地万物的性质并探究其作用；历史是详记年代研究古今万国情况的典籍；经济学是从一身一家的生计讨论到国家世界的生计的学问；修身学则阐述合乎自然的修身交友和处世之道。在学习这些学问时，均可参考西洋的译本，书中内容大多用日本字母书写，学习至便。至于有才能的青年，则可兼学外文，对各项科学都实事求是，就每一事物深切追求真理，以满足当前的需要。以上是世间一般的实学。如果大家不分贵贱上下，都爱好这些学问，并有所体会，而后士农工商各尽其份，各自经营家业，则个人可以独立，一家可

① 和歌：日本古来的一种诗歌体裁。——译者

② 实学：是福泽谕吉常用的术语，不仅指社会生活中必需的、实用的知识、技能。也意味着实验和实证的科学。——校者

③ 伊吕波：日文字母按“伊吕波歌”顺序排列的一种读法，文中指日文字母表，一般常作序数词使用。——校者

以独立，国家也就可以独立了。

治学的要道在于懂得守本分。人们自降生到自然界以来，本来不受任何拘束。生为一个男人就是男人，生为一个女人就是女人，并且是自由自在的。但如仅仅高唱自由自在，而不懂得守本分，则易陷于恣情放荡。所以本分就意味着基于天理，顺乎人情，不妨害他人而发挥自己的自由。自由与恣情放荡的界限也就在于妨害他人与否。譬如花自己的钱，即使耽于酒色，放荡无忌，似乎是个人的自由，其实绝对不然。由于一个人的放荡能成为众人的榜样，终至于紊乱世间风俗，有伤教化，因此他所花的虽然是自己的钱，而其罪是不可宽恕的。

自由独立又不限于个人，还适用于国家。我们日本是远处亚洲东部的一个岛国。自古不与外国交接，仅凭本国的物产自给衣食，也并没有感到不足。自从嘉永年间美国人来日以后才开始对外交易①，一直演变到今天这种情况。开禁后议论纷纭，其中有人叫嚣锁国攘夷，但所见异常狭隘，有如俗语所谓“井底之蛙”，其议论是不足取的。日本和西洋各国都存在于同一天地之间，被同一太阳所照耀，观赏同一月亮，有着共同的海洋与空气，要是人民情投意合，将彼此多余的物资相互交换，并进行文化交流，就不会发生耻辱和骄矜的感觉，而能同获便利，共谋幸福，并本诸天理人情而互相友好。只要真理所在，就是对非洲的黑人也要畏服，本诸人道，对英美的军舰也不应有所畏惧。如果国家遭到侮辱，全体日本

---

① 嘉永是年号名，当公元1848—1854年。嘉永六年（1853年）美国海军提督佩里（Perry，M. C.，1794—1858）率舰来日，迫使日本开港通商，从此日本开始对外交易。——译者

国民就应当拼着生命来抗争，以期不使国威失坠。只有这样才可以说是国家的自由独立。至于像中国人那样，觉得除本国以外似乎没有别国存在，一见着外国人就呼为夷狄，把他们看作四只脚的牲畜，贱视他们，厌恶他们，不计量自己的国力，而妄想驱逐他们，结果反为夷狄所窘。这种情况实在是不懂得国家的本分之故，如就个人来说，就是未能理解天赋的自由，而陷入恣情放荡的状态了。我们日本自从王政维新[①]以来，政风大改。对外基于国际公法与各国建立邦交，对内向人民宣示自由独立的原则，例如允许平民冠姓和骑马，就是开天辟地以来的盛举，可以说是奠定了士农工商四民平等的基础。今后在日本，除各人因才德地位而有相应的身份外，再也不会看到生下来就有的等级了。譬如人们不能对政府官吏无礼，虽然是理所当然的事，但并不是因为其人可贵，而只是因为他们具有才德，忠于职守，为国民执行可贵的国法，方才值得尊重，所以不是人贵而是国法之贵。在旧幕府时代，将军所用的茶僮在东海道[②]上通行无阻，是众所周知的。此外将军饲养的鹰比人还要尊贵，在路上碰到"御用"的[③]马就要让开，总之只要加上"御用"两个字，就是砖石瓦片也看成非常可贵的东西。这是因为人们从数千百年的往古以来，一方面虽然憎恶，一方面又自然相习成风，从而在上下之间造成恶习。但究竟都不是出于法的可贵与物的可贵，而只是政府施逞威力，使人生畏，以图妨害人们自由的卑鄙作法，即所谓不具实质的虚威罢了。到了现在，这种浅薄的风

① 指 1868 年的明治维新。——译者

② 德川时代由东京经名古屋到京都的驿道。——译者

③ 即将军所用的。——译者

俗制度早已在日本国内绝迹。因此人人可以安心，即使对政府怀有不满情绪，也不必隐瞒起来，暗中埋怨，而应遵循正路，按照程序，心平气和地提出来，并毫不客气地加以批评。只要合乎天理人情，就是舍生拼命也要力争，这就是作为一国人民的本分。

如前所述，基于天理，个人和国家都是应当自由和不受拘束的。假如一国的自由遭到妨害，就是与全世界为敌也不足惧，假如个人的自由遭到妨害，则政府官吏亦不足惧。何况近来四民平等的基础已经建立，更可以人人安心，只要依凭天理就可以放胆行事。不过每个人都有他相应的身份，并须按照身份而具备相应的才德，要具备才德就须明白事理，要明白事理则须求学，这就是学问所以成为首要任务的缘故。

照现在的情形看来，农工商三民的身份已经比以前提高百倍，而呈现与士并肩之势，如果这三民中出现人才，政府已经开辟擢用之路。他们就应当重视自己的身份，再莫做出卑劣的事来。大概世界上再没有像无知文盲那样又可怜又可恶的了。由于无知之极，就会不知耻辱，由于自己无知而陷于贫穷与饥寒交迫之境，但又不求诸自己，反而妄自怨恨邻近的富人，甚至纠集徒党，进行暴动，酿成变乱，真可谓恬不知耻，慼不畏法了。这些人一方面尽量依赖国家的法制来保障本身的安全并维持一家人的生活；而另一方面又从自己的私欲出发来破坏所依赖的法制，岂不是自相矛盾？还有些出身清白和有相当财产的人，只顾发财，而不知教育子孙。这些子孙既未受到教育，其愚蠢自不足怪。结果有不少流于游惰放荡，使继承的祖业一朝化为烟云。统治这样的愚民，绝不能采取讲道理来唤醒他们的方法，只有用威力来使他们畏服。西洋的俗语说：愚民之上有苛政，就是指此而言。这并不是政府严厉，而是愚民自招的祸殃。由于愚民之上会有严厉政府，而良民之上会有良好政府乃是自然之理，因此现在我们日本国内既有这样的人民，也就有这样的政治。假如人民的品质比今天还要差，而且陷于不学文盲，那么政府的法制就会比现在更为严厉。又如人民都有志于学，明白事理，并能趋向文明风气，那么政府的法制就会达到宽厚大度的地步。可见法制的宽严，只按人民的德与无德来自然伸缩。没有人喜欢苛政而嫌恶仁政，也没有人不愿本国富强而甘受外国欺侮，这是人之常情。生于今世，具有报国之心的人，谁也不必身心交瘁，忧虑不安，只要他的主要努力方向是基于人情，首先端正本身的品行，笃志博学，并具备适应其身份的智德，则政府施政即易，人民也不会以受其统治为苦，从而各得其所，大家同心协力来维护全国的安宁秩序。现在我们劝学的宗旨也就在于此。

后　记

这次我的故乡中津开设学校，我撰述了“学问的旨趣”一文，为了供同乡的旧友阅读，曾装订成册。有人见了此书说，“此书不仅可供中津的友人阅读，如果广为传布，可以扩大对世人的教益”。于是听从其劝告，乃交庆应义塾排字印刷，供同道者一览。

福 泽 谕 吉
小幡笃次郎[①] 志
明治四年未[②]十二月

① 小幡笃次郎：福泽谕吉最早的学生，也是中津人。当时任中津学校第一任校长，所以名义上在此联署。——校者

② 明治四年(1871)是辛未年。——校者

第 二 篇

前 言

广义地说，学问有无形的，也有有形的，如心学、神学、理学等是无形的学问，天文、地理、物理、化学等是有形的学问。它们都能使人扩大知识见闻的领域，辨明事物的道理和懂得做人的本分。为了扩大知识见闻，或须倾听别人的言论，或须自己努力自修，或须读书，所以求学必须懂得文字。但如像古人那样，以为只要能够念诵文字就算做学问，那又大错特错了。文字不过是求学的工具，好比修建房屋所用的斧锯一样；斧锯虽然是建筑上不可缺少的工具，但如仅知工具名称而不知如何建造房屋，那就不能称为木工。正因如此，仅能念诵文字而不能辨明事理的人就不能叫做学者，所谓读论语而不知论语就是这个意思。如果能够背诵我国《古事记》[①]而不知现时的米价，就可以说是不懂得过日子的人。又如通晓经史的奥义而不懂得经商方法，不能真正从事交易，就可以说是拙于理财之道的人。再如一个人多年尝尽辛苦，花掉几百元学费，在西学上虽有所成就，但仍不能解决个人生活，那就是不了解时势

① 日本古代官修史书，由上古神话传说起到叙述推古天皇朝（公元 554—628 年）止，完成于公元 712 年。——译者

的学问。这等人只能称之为文字批发店，他的功能和会吃饭的字典一模一样，对于国家也是无用的长物，可以称之为妨害经济的食客。可见过日子也是学问，理财也是学问，能够洞察时务也是学问，哪里只有凭念诵日本、中国和西洋的书籍就等于有学问的道理？本书虽然定名《劝学篇》，但不只是劝人念诵文字。书中各项内容是从西洋书籍直译或意译出来的，具体地或者抽象地列举了一般人们应当体会的事项，指出了学问的主要目的。兹将我以前所写的一文作为第一篇，并又引申其意而写此第二篇，拟再接写第三第四篇。

论人与人平等

我在第一篇开首就曾说过：人生来就是一律平等、自由自在和没有上下之别的。今再引申其意，加以阐述：人的出生是天之使然，而非由于人力。他们之所以能够互相敬爱，各尽其责和互不妨害，是由于根本上都是同一人类，共戴一天，并同为天地间的造物。譬如一家之内兄弟和睦相处，根本上也是基于同系一家兄弟，共戴一父一母的人伦大义。

所以如就人与人之间的均衡一致而论，我们不能不说人与人是平等的。但是这种平等并不是现实情况上的平等，而是指基本权利上的平等。若就现实情况而论，人间确实存有很大的贫富强弱与智愚之别：有的是诸侯贵族，身居宫殿，锦衣美食；也有的是脚夫苦力，在陋巷暗室赁房居住，为当天的衣食奔走；有人施逞才智，充任官吏、巨商而左右天下，也有人毫无智慧，一生叫卖糖果度日；

既有身强力壮的摔跤壮士，也有体质娇弱的卖笑娼妓。他们虽有所谓天壤之别，但从另一角度，就这些人的基本权利而论，则是完全平等，毫无区别的。所谓基本权利，就是人人重视其生命、维护其财产和珍视名誉。因为天生人类，就赋予了身心的活动，使人们能够实现上述权利。这是无论如何不能用人力来妨害的。诸侯的生命和脚夫苦力的生命是同样贵重的，豪商之于万金和糖果小贩之于分文，其当作自己的所有物而守护的心理是一样的。世间有两句不好的谚语：一句说"哭闹的孩子和地头[①]不好对付"，又一句说"父亲和雇主都是不讲理的"。从而有的人说人的权利也可以加以限制。这只是混淆现实情况与基本权利的说法。地头和农民虽然在现实情况上不同，但在权利上并无不同之处，如果农民身上的疼痛发生在地头的身上，也会一样痛，又如把地头爱吃的东西放在农民的嘴里，农民也会爱吃，憎恶疼痛和喜欢美味是人们的情欲，在不妨害他人的限度内达到可以达到的情欲就是人的权利。这种权利在地头和农民之间没有丝毫轻重之别，只是地头富而强，农民贫且弱而已。贫富强弱是人们的现实情况，本来就不能相同。但如现在有人想倚仗富强之势，对贫弱的人肆行无理，以为这也是现实情况的不同，而没有妨害他人的权利，那就好比一个力士以为自己腕力大，就用他的腕力拧断邻人的手腕一样。虽然邻人的腕力本来比力士的腕力弱，但是他那原来就弱的腕力并不妨害他自己的灵活使用，所以不能成为被拧断的理由，只能说被力士拧断了手腕是不幸之至。

① 日本封建时代的地方官吏，主要的职务是征收租税。——译者

兹将上述理论结合世事来谈一谈。在旧幕府时代，武士和平民之间有很大的差别，武士们作威作福，对待农民商人就像现在对待犯人一样，甚至有“格杀勿论”的法律[①]。在这种法律之下，好像平民的生命并不属于自己，而是借来的一样。农民商人无缘无故地要对武士低声下气，在外让路，在家让坐，甚至自己喂的马都不能骑。这岂不是蛮不讲理吗？

以上所说的是武士与平民个人之间相对的不公平。至于政府和人民之间的关系就更不像话。幕府和三百诸侯都在他们的领地上建立小政府，任意处置农民商人，有时虽然装着慈悲的样子，其实不许人们保持应有的权利，有很多地方实在令人不忍卒睹。本来政府和人民的关系，如上所述，只是实际上的强弱情况不同，在权利上并无不同之理。农民生产稻米来养活众人，商人买卖物品以便利世人，这就是农民商人的职责。政府制订法令，制服恶人，保护良善，这就是政府的职责。政府为着履行这种职责，需要很多的经费，而政府本身没有米谷金钱，故须向农民商人征收赋税，以资维持，但这是在双方同意下获得的协议，这就是政府和人民之间的约束。所以如果农民商人缴纳赋税，严守国法，就可以说是尽了他们的职责；政府征收赋税以后，用之于正当开支，又能够保护人民，也可以说是尽了政府的职责。如果双方都尽了职责，又不违背约束，就不会发生异议，而能各自行使权利，丝毫没有干涉对方的道理。然而在幕府时代，把政府叫做主上，如果替主上办差事，就

① 在德川时代，如果武士认为平民和贱民对他们无礼，就可随时随地拔刀砍杀，称为“格杀勿论”。——译者

滥抖威风，一路上白坐轿子，过河不给渡钱，用挑夫不给工钱，甚至这些老爷们还向挑夫勒索酒钱，真是可恶已极。此外又为满足王公贵人的享受嗜好而大兴土木，或因官吏胡乱办事，浪费金钱，以致入不敷出，于是就用种种名目来增税，征收苛捐杂税，名之为“报答国恩”。所谓“国恩”的意义，据说是能使农民商人等不怕盗贼暴徒，安居乐业，就算是政府的恩惠。固然人民能够安居乐业是仰仗政府的法律保护，但是制定法律，保护人民本来就是政府应尽的职责，不能叫做恩惠。假如政府把保护人民叫做恩惠的话，那么农民商人向政府缴纳赋税，也可以叫做恩惠了。又如政府把处理人民的诉讼事项说成是政府的烦累，那么人民也可以说：“在生产出来的十包米中被拿走五包的租税，则是农民最大的烦累了”。所谓公说公有理，婆说婆有理，理是说不尽的。反正如果彼此有同等的恩惠，就没有一方道谢，另一方不道谢的道理了。

追溯这种恶俗的起因，根本上是弄错了人类平等的大原则，把贫富强弱的现实情况用作为非作歹的工具，致使政府倚仗富强的势力来妨害贫弱人民的权利。因此一个人必须时时刻刻记住相互平等的原则，这是人类世界最要紧的事情。用西洋的话说，就是“reciprocity”〔相互关系〕和“equality”〔平等〕。第一篇开首所说的人与人平等亦即指此。

以上的议论虽然好像袒护农民商人，并且似乎有些夸大，但又可以从另一角度来得出其他的论点。大凡处人之道，必须随着对象不同而改易方法。原来人民和政府之间的关系是二位一体而有职责的区分，并建立在下述紧密的约束之上：即政府代表人民执行法律，人民则须遵守法律。譬如今天在日本国内遵奉明治年号的人，就成为缔约同意遵守政府法令的人民。因此一旦制定成国法，即令对个别人民或有不便，在修订以前就不能变更，必须小心翼翼谨慎地加以遵守，这就是人民的职责。但是有些不学文盲，连“有理无理”的“理”字都不懂得，除饮食起居外一无所知。由于不学，所以贪欲极深，公然欺诈，狡避政府法令，不知国法与自己的职责为何物。虽然子女日繁，却不知教子之道，这就是所谓恬不知耻，愍不畏法的蠢材。他们如果子孙繁昌，对于国家是无益而有害的。要治理这些蠢材，绝不可喻之以理，除迫不得已以力威慑镇压横行一时的大害以外，再没有别的办法。这就是世间所以有凶暴政府的原因。不只我国旧幕府如此，自古亚洲各国都是这样的。所以一国的暴政未必只是暴君酷吏所为，事实上又是由于人民无知而招致的灾殃。有人受人嗾使，进行暗杀；有人误解新法，掀起叛乱；有人用强横办法，捣毁富有之家，酗酒偷盗；他们的举动简直不像是人类的行为。对于治理这等蠡贼，就是释迦、孔子恐怕也拿不出什么好办法，必须施行严厉的政治。因此就可以这样说：假如人民想避免暴政，必须赶快立志向学，提高自己的才德，俾能达到和政府平等的地位，这就是我们劝学的宗旨。

第　三　篇

论国与国平等

如第二篇所述，凡名为人，无论贫富强弱，又无论人民或政府，在权利上都是没有差别的。兹再推广此意来讨论国与国的关系：国家是由人民组成的，日本国是日本人组成的；英国是英国人组成的。既然日本人和英国人同样是天地间的人，彼此就没有妨害权利的道理。一个人既没有加害于另一个人的道理；两个人也没有加害于另外两个人的道理；百万人、千万人也应该这样。事物的道理原不能由人数多少来变更的。

环顾世界各国，有的因为文明开化，文事武备都很昌盛，成为富强的国家；有的因为蒙昧还没有开化，文事武备都落后，成为贫弱的国家。一般地说，欧美的国家富强，亚非的国家贫弱。可是国家的现实情况虽有贫富强弱之别，但如现在有些国家想凭仗富强之势欺负弱国，则和大力士用腕力拧断病人的手腕一样，就国家权利来说是不能容许的。

拿日本今天的情况来说，虽然有些不及西洋各国富强的地方，但就国家的权利来说，却没有毫厘轻重之别。如果无故受到欺凌，即使与世界为敌亦不足惧。正如第一篇所述，"全体日本国民就应当拼着生命来抗争，以期不使国威失坠"就是指此。况且贫富强弱并非天定，而决定于人的努力与否。今天的愚人可以在明天变成智者，从前富强之国可以在现在沦于贫弱，古今这种例子是不少的。如果我们日本人从此立志求学，充实力量，先谋个人的独立，再求一国的富强，则西洋人的势力又何足惧？只须与讲理者建交，对不讲理者则驱除之。这就是个人独立和一国独立的道理。

人人独立，国家就能独立

以上指出国与国是平等的，但如国人没有独立的精神，国家独立的权利还是不能伸张。其理由有以下三点：

第一，没有独立精神的人，就不会深切地关怀国事。

所谓独立，就是没有依赖他人的心理，能够自己支配自己。例如自己能够辨明事理，处置得宜，就是不依赖他人智慧的独立；又如能够靠自己身心的操劳维持个人生活者，就是不依赖他人钱财的独立。如果人人没有独立之心，专想依赖他人，那么全国就都是些依赖他人的人，没有人来负责，这就好比盲人行列里没有带路的人，是要不得的。有人说"民可使由之，不可使知之"，假定社会上有一千个瞎子和一千个明眼人，认为只要由智者在上统治人民，人民服从上面的意志就行。这种议论虽然出自孔子，其实是大谬不然的。

在一个国家里面，才德足以担任统治者的，千人中不过一人。假如有个百万人口的国家，其中智者不过千人，其余九十九万多人都是无知的小民。智者以才德来统治这些人民，或爱民如子，或抚牧如羊；他们恩威并用，指示方向，人民也不知不觉地服从上面的命令，从而国内听不到盗窃杀人的事情，治理得很安稳。可是国人中便有主客的分别，主人是那一千个力能统治国家的智者，其余都是不闻不问的客人。既是客人，自然就用不着操心，只要依从主人就行，结果对于国家一定是漠不关心，不如主人爱国了。在这种情形之下，国内的事情还能勉强对付，一旦与外国发生战事，就不行了。那时候无知的人民虽不至倒戈相向，但因自居客位，就会认为没有牺牲性命的价值，以致多数逃跑，结果这个国家虽有百万人口，到了需要保卫的时候，却只剩下少数的人，要想国家独立就很困难了。

由此可见，为了抵御外侮，保卫国家，必须使全国充满自由独立的风气。人人不分贵贱上下都应该把国家兴亡的责任承担在自己肩上，也不分智愚明昧，都应该尽国民应尽的义务。英国人和日本人都爱护自己的国家，因为本国的国土不是属于别国人，而是属于自己的，所以爱国应该和爱自己的家一样。为了国家，不仅要牺牲财产，就是牺牲性命，也在所不惜，这就是报国的大义。

原来政府管理政务，人民受其统治，只是为着便利而划分。如果面临关系全国之事，就人民的职责来说，是没有理由只把国事交给政府，而袖手旁观的。只要具有一国国籍的人，就有在那个国家里面自由自在地饮食起居的权利；既有他的权利，也就不能不有他的义务。

从前在战国时代①，骏河的今川义元率领数万兵力进攻织田信长时，信长在桶狭设伏邀击今川所部人马，斩杀义元。今川的将兵都像小蜘蛛一样不战而散，当时负有盛名的今川政权便一朝灭亡，连痕迹也没有了。然而两三年以前的普法战争，法国皇帝拿破仑在战争初起时就被普国生擒，可是法国人不但不因此失望，反而越加奋发，努力抗战。以后虽然守城数月，付出很大牺牲，才停战

① 公元十五世纪末叶起，在日本群雄割据，互相争战，一直到织田信长、丰臣秀吉等完成统一为止，共达百年，这个时期称为战国时代。——译者

讲和,但法国却保持了原状。这次战役与今川战争相比,却不能同日而语。因为骏河的人民仅依靠今川一人,自居客位,不认为骏河是他的祖国;至于法国爱国之士,则多深忧国难,不待人劝,就自动为本国作战,所以才有这样的不同。由此可见:在抵御外侮、保卫祖国时,全国人民要有独立的精神,才能深切地关心国事,否则是不可能的。

第二,在国内得不到独立地位的人,也不能在接触外人时保持独立的权利。

没有独立精神的人,一定依赖别人;依赖别人的人一定怕人;怕人的人一定阿谀谄媚人。若常常怕人和谄媚人,逐渐成了习惯以后,他的脸皮就同铁一样厚。对于可耻的事也不知羞耻,应当与人讲理的时候也不敢讲理,见人只知道屈服。所谓习惯、本性即指此事,成了习惯就不容易改变了。譬如现在日本平民已经被准许冠姓和骑马;法院的作风也有所改变:表面上平民与士族是平等了,可是旧习惯不是一下子就能改变过来的。因为平民的本性还是与旧日平民无异,所以在言语应对方面还是很卑屈。一见上面的人,就说不出一点道理来;叫他站就站;叫他舞就舞。那种柔顺的样子,就像家里所喂的瘦狗,真可以说是毫无气节和不知羞耻之极。

在以前锁国的时代,旧幕府实行严加约束的政策时,人民没有气节不仅不妨碍政事,反而便于统治。因此官吏就有意使人民陷于无知无识,一味恭顺,并以此为得计。可是到了现在与外国交往之日,如果还是这样,就有大害了。譬如,乡下商人想和外国商人交易,怀着恐惧的心情来到横滨。首先见到外国人身体魁伟、资本雄厚、洋行很大、轮船很快，就已经胆战心惊，等到接近外商，与他们讲价钱，或遇外商强词夺理时，不但惊讶，又畏惧他们的威风，结果明知他们无理，也只有忍受巨大的损失和耻辱。这种损失和耻辱不是属于他一个人，而是属于一国的，实在是糊涂愚蠢。但如追溯其根源，却在于其先辈世代缺乏独立精神的商人的劣根性。商人常受武士欺凌，常在法院里挨骂，就是遇见下级的步卒，也要把他当作大人先生来奉承，其灵魂已彻底腐烂，绝不是一朝一夕所能洗净。这些胆小的人们，一旦遇到那些大胆和剽悍的外国人，是没有理由不胆战心惊的。这就是在国内不能独立的人对外也不能独立的明证。

第三，没有独立精神的人会仗势做坏事。

在旧幕府时代，有一种叫做“名目金”[①]的勾当，即假借权势强大的“御三家”[②]的名义放贷款，办法非常蛮横，实在令人可憎。如果有人借钱不还，本可再三向政府控告，但他们因害怕政府而不敢去控告，却用卑鄙手段，假借他人的名义，依仗他人的权威来催还贷款。这真是一种卑劣行为。现在虽然听不到出借“名目金”的人，但社会上难免没有假借外国人名义放贷款的人。由于我们没有得到确证，所以不好明白指出，但如想起往事，也就不能不对今世之人有所怀疑了。今后万一要与外人杂处，而有人假借外人的名义来干坏事，就不能不说是国家之祸。因此，人民若无独立精

① 名目金：即借用有势力的如御三家、大名、寺社的名义出借的贷款。利息高，诉讼有优先权，对贷款人有利。——校者

② 指德川时代的水户、纪州及尾张三家（藩），首代藩主均系德川家康（首代将军）之子，在诸侯中最为显贵。——译者

神，虽然便于管理，却不能因此而疏忽大意，因为灾祸往往出于意外。国民独立精神愈少，卖国之祸即随之增大，这就是前面所说的仗势做坏事。

以上三点都是由于人民没有独立精神而产生的灾祸。生当今世，只要有爱国心，则无论官民都应该首先谋求自身的独立，行有余力，再帮助他人独立。父兄教导子弟独立；老师勉励学生独立；士农工商全都应当独立起来，进而保卫国家。总之，政府与其束缚人民而独自操心国事，实不如解放人民而与人民同甘共苦。

第　四　篇

论学者的职分[①]

近来私下听到有见识的人说：有人问"今后日本的盛衰虽难依凭智力来明确推断，但不知究竟有无丧失独立之虞，照目前的形势来看，如果日本能够逐渐进步，是不是可能达到文明昌盛之域"；还有人怀疑"日本能否保持独立的问题，若不经过二三十年。很明显是难以预期的。"甚至于还有人听信极其蔑视日本的外国人的说法，觉得不管怎样，"横竖日本的独立是危险的"。当然我们不会一

① 这是根据作者在明六社的会议上的讲演改写的，发表后曾引起加藤弘之、森有礼、西周等人的反驳。——校者

听人说就信以为真，失掉希望，但如根本上对能否保持独立这一点没有疑虑，也就没有理由提出这样疑问来了。假如我们到英国去问不列颠能不能保持独立？人们一定会笑而不答，因为他们对于这个问题毫不怀疑。然则日本的文明程度虽似较前进步，却不免对其前途怀有疑虑，生为日本人，怎能不为之寒心？我认为既生为日本人，就不能不明确认识和尽到各人的本分。本来“政”这个字所包含的事务是政府的职责，但与政府无关的民间事务还有很多，所以为着办好全国的事，人民与政府必须互相配合，我们尽国民的本分，政府尽政府的本分，彼此互助，才能维持全国的独立。

凡是要维持一件事物，必须使其力量平衡。譬如人的身体，要维持健康，就非有饮食、空气和阳光不可。外受寒热痛痒的刺激，体内再作相应的活动，就能发生调和全身的功用。如果突然丧失外界的刺激，置之不顾，单靠体内的活动，则人身的健康是一天都不能维持的。一个国家也是这样，政是一国的功用，要调和功用来保卫国家独立，必须内有政府的力量，外有人民的力量，内外互相呼应，保持力量平衡。因此政府犹如体内活动，人民犹如外界刺激，如果突然把刺激去掉，只凭政府力量去活动，那么一国的独立就一天也不能保持了。如能明白养生的道理，并将其原则运用在治国上，就不会怀疑这个道理了。

今试观察我国现势，其不及外国之处，就是学术、贸易和法律。世界文明不外就是这三项。如果这三项不完备，国家就不能独立，这是不待识者就会明白的。但是我国这三项都不完备。

从维新的时候起，政府方面虽不是没有花费人力、物力，也不是才力不够；但其多数措施总是不能令人满意，原因就在于人民的无知文盲。政府既知原因所在，就不断开辟奖励学问，议订法律和规定商法之道，或者晓谕人民，或者示以先例。但虽用尽各种方法，而至今未见实效，就是因为政府依然是专制政府，人民依然是没有志气的愚民。这些努力也许稍微促进了一些进步，但如与所费的精力和金钱相较，则所得到的效果是不够的。这是什么缘故呢？就是因为一国的文明事业不能单靠政府的力量来举办。

也许有人说：政府暂时驾御这类愚民是一时的策略，等他们将来智德增进，自然就会进入文明之域。这种话是可说而不可行的。我全国人民苦于数千年的专制统治，人人都不能把心里所想的说出来，而是互相欺骗来偷安逃罪。大家以为欺骗是做人的法宝，不诚不实成为日常的习惯，既不知耻，也不以为怪，真是自身的廉耻丧尽，又何暇关心国事？政府为了矫正这种毛病，却越发虚张声势，不是恫吓，就是叱责。本想用强力来导致诚实之风，却使人民对于政府更不信任，这种情况恰如用火来救火，终至上下隔绝，成为一种无形的风气（相当于英语中的“Spirit”），不能马上去掉。现在政府在表面上虽然大有改变，但是专制压迫的风气还是存在。人民虽然也好像得到一点权利，可是那种卑屈和不信任的风气仍与往日无异。这种风气无形无体，不能就一个人、一件事来形容它，而它的实际力量是很强的。我们如果从它在整个社会上的表现来看，即明显可知其不虚弱。

试举一例来说明。就当今官吏的私人言行来看，都是些豁达大度的士君子，我们不但对他们没有成见，而且对他们有些言行还会表示敬佩。另一方面，平民之中也不见得都是无能的愚民，也有少数公正诚实的良民。可是这些士君子在参加政府办事的时候，他们的措施却有很多是为我们所不满的。同时那些诚实的良民只要一接近政府，就马上卑屈起来，以伪诈诡计欺骗官吏而不以为耻。这种士君子为政和良民陷于卑屈的情形就像一身两头的人，在私为智者，在官为愚民，又可以说是"散则明，聚则暗"。政府应该是聚集许多智者的地方，而做出愚人的事情，能不令人奇怪吗？追究其根本原因，当系上述风气的影响，以致人们不能尽量发挥自己的作用。维新以来，政府虽然振兴学术、法律与贸易等，却没有见效，其原因亦即在此。用一时权术来驾御人民，以待智德增进，假如这不是用威力来强迫人民进入文明，就是用欺骗的手段使人民趋于善良的策略。政府若用威力，人民就拿诈伪来应付；政府若使用欺诈，人民就只表面服从，这不能说是上策。策略纵然巧妙，用它来推进文明是无益的。所以说推进社会文明是不能光靠政府的力量的。由此可见，如果现在我国要进入文明之域，必须首先把浸润人心的风气扫除干净。其扫除的方法，靠政府的命令与私人说教都很难收效，一定要有先进者和向人民示范的人。示范人物既不能在农民和商人中间寻找，又不能在日本国学家和汉学家中间寻找，只有洋学家足当此任，但也不能对他们抱完全依赖的心理。近来社会上这一派人物已渐渐增多，他们或者讲授西文，或者专门阅读翻译书籍，虽似竭尽全力，但有的学者诵文而不解其义，或解其义而无意实行，我们对于这些人的所作所为是不能不怀疑的。我们的怀疑在于这些学者和士君子都只知道做官，而不知道自己兴办事业；只知道居于政府上位之术，而不知处于政府辖下之道，还是不免染有汉学家的旧习，就像以汉学为体披上西洋外衣一样。

试举实际例证来说明。现在洋学家们全都出入宦途，自己举办事业的屈指可数。其目的不仅在于贪利，又因生来所受教育先入为主，只着眼于政府，认为不是政府的事就绝不可做。有了这样的成见，就只想达到他们平生所抱"青云直上"的志愿；就是社会上有名望的大人先生们也不能例外。他们的行为虽似乎卑贱，而其用意却也不必深咎，因为他们的用意本来不坏，只是不知不觉地沉溺于社会风气罢了。有名望的士君子尚且这样，天下人哪能不效法他们这种风气呢？

一个青年学生只读了几本书就想做官；有志经商的人仅只有了几百圆资金，便想假借官府的名义来做买卖。设立学校要官许，传教要官许，甚至牧羊养蚕也要官府允许，大概民间事业中十之七八都是与官府有关的。因此，举世人心风靡，羡慕官，依赖官，害怕官，谄媚官，丝毫不能发挥一点独立的真精神，其丑态实在是不忍卒睹。譬如现在出版的报纸及各方面的上书和条陈之类，也是一个例子。出版条例虽不甚严，可是报上不但绝对不登载触犯政府忌讳的事，而且官方如有些许美事，就加以过分的称赞，简直和娼妓向客人献媚一样。

再看上书与条陈的文章，通常是极其卑屈的，其中尊崇政府如神明，自卑如罪人，使用一种不像社会上同等人物交往的虚文，恬不知耻。读了这些文章，只能想象他们都是狂人。但是现在发行报纸或向政府上条陈的人，大概都是社会上的洋学家。就其个人本质来说，不一定是娼妓，也不一定是狂人，其所以这样的不诚实，是因为现在社会上还没有首倡民权的实例，人人被那些卑鄙的风气所制，同流合污，所以不能表现人民的本色。概括言之：我们可以说现在日本还只有政府,而没有人民。所以要彻底改革人民的风气,推进社会文明,也不可专靠现在的洋学家们。

如果上述论点不错,那么推进我国文明维持其独立就不能单靠政府,也不能依赖洋学家们。我们这些人不仅要在愚民的前面先做出榜样,还要做洋学家们的先驱,给他们指出方向。现在想想我们的身份,固然学识是浅薄,可是有志于西洋学问已久,在国内又是处于中人以上的地位;晚近的改革事业虽不是我们为主兴办,却曾暗中助成。即令没有发挥助成的力量,而世人看到我们欢迎改革,也一定会把我们看成是改革家;既负有改革家之名,又处于中人以上的地位,世人就会把我们的行为当作范例。那么带头示范就是我们的任务了。

凡事与其下令推行,不如采用说服方法,说服又不如做出实际事例给人家看。政府只有下令之权,如果说服人民和示以实例系属私人之事,我们就应当站在个人的立场,或研究学术,或从事贸易,或讨论法律,或著书立说,或发行报纸等等,只要是不超过人民本分的事,就要大胆去做。我们严守法令,按理办事,如因政府不守政令而受到委屈,还是不要屈服,据理抗争,这就像是给政府当头一棒,革除旧弊,恢复民权,诚为今天当务之急。本来私营事业种类很多,做这些事的人也是各有所长,并不是要所有的学者都来从事于此。我的目的不在于示人以办事的技能,而在于使世人知道举办私营事业的方向。

费一百次劲去说服人,还不如示以一次实例。现在由我们来树立办理私营事业的实例,就可以使人们知道,人间事业并不能单靠政府来做,学者站在学者立场,商人站在商人立场,都可以兴办个人事业。政府是日本的政府，人民是日本的人民，那么人民就不应害怕政府，而应靠拢政府；不应疑惑政府，而应亲近政府。如果懂得这个道理，人民就会渐渐知道正确的方向，上下之间原有之风气也会渐渐消灭；才会产生真正的日本国民，使他们不致成为政府的玩具，而成为刺激政府的力量。从而学术、商业和法律就自然会各得其所，国民与政府的力量亦能平衡，才可以维持全国的独立。

概括起来说：本篇是讨论现在的学者协助政府完成独立的两个途径，即参加政府做官和在政府范围以外办理私人事业的利害得失，并且赞成后者。如果详细研究世间的事情就可以知道，无利必有害，无所得必有所失，不会利害得失参半的。我们并非有所为而主张私营事业，而只是将平生所见到的加以论述，如果社会上有人拿出确证来批驳这个论点，明白指出私营事业之不利，我们还是乐于接受，不过，举办私营事业想必不致贻害于天下吧！

附　　录

兹将有关本篇的几个问题[①]附记于篇后：

一、问：兴办事业，是否不如依靠强有力的政府为便？

　　答：推进文明不能专靠政府的力量，其论点已详本文。并且由政府兴办事业，已经实验了好几年还没有奏效。私人办事虽亦难期必成，但是，既然在道理上还明显有希望，就不可不试。如

① 这是作者在明六社的会议上讲演后，根据提问和反驳作的回答。——校者

果在未试之前即怀疑其能否成功,就不能算是有勇气的人了。

二、问:如果有力的人物离开政府,使政府缺乏人才,岂不有碍公务?

答:绝不如此。因为政府现在正患官多事少,如果实施简事裁员,必能整顿政务,把多余的人员用到社会上,可谓一举两得。并且政府事务庞杂,就会把有用的人置之于无用之地,那不是个好办法。况且这些人虽然离开政府,却并没有到外国去,仍然住在日本,做日本的事,又何足虑?

三、问:若于政府以外聚集许多人来办私营事业,好像自成一政府,会不会使政府的权限旁落呢?

答:这是小人之见,办私营事业的人与办公事的人都是日本人,只是站在不同的地位上办事,实系相辅相成,共谋全国的利益,他们不是敌人,而是真正的益友。如果办私营事业的人犯了法,尽可以处罚,这是毫不足惧的。

四、问:也有人想办私营事业,但恐离开宦途以后,别无谋生之道?

答:这不是士君子应说的话。因为既然自命为学者,又关心天下事,岂是一个没有技能的人?用技能来餬口,并不是难事。在政府里执行公务和办理私营事业并无难易之分。如果认为办公事容易,所得的利益比私营事业多,那他的利益可以说超过实际的才干了。贪图超过实际才干的利益是君子所不屑为的。至于一无所长,侥幸进入宦途,贪图薪金以便奢侈享受,还要视同儿戏地谈论天下大事的人,就不是我们的同志了。

第　五　篇

《劝学篇》本来是以提供民众读本和小学课本为目的而写的，所以在第一篇到第二、三篇中尽量使用了通俗文字，以期易于阅读。但第四篇的文体稍有改变，间或用了一些较难的文字。第五篇则系明治七年元旦庆应义塾同志集会时的讲话记录。文章的体裁也与第四篇大致相同，或者不免有些难解之处。四、五两篇毕竟是以学者为对象而立论的文章，所以采用这样的写法。世间学者一般都很小心，勇气不够，可是阅读文字的力量是够的，哪怕怎样深的文字，也不感到困难，所以我就未加考虑地把这两篇文字写得难了一些，其意义也自然比较高深，因此《劝学篇》一书便失去了作为一般民众读本的意义，对于初学的人们说来，是很抱歉的。可是从第六篇以后，仍恢复了原来的体裁，力求容易理解，以期便于初学，不再用较难的文字了。希望读者不要拿这两篇来评定全书的难易。

明治七年元旦献词

我们今天在庆应义塾迎接明治七年的元旦。这个年号是我国独立的年号，这个义塾是我社独立兴办的义塾；能在独立的义塾中迎接独立的新年，岂不是很可喜的事吗？可是，凡事得之可喜，失之可忧，所以在今天高兴的时候，不要忘了他日之忧。

我国虽因历代治乱相循，政府迭有变更，但是直到现在为止，始终没有丧失独立。其原因就在于国民安于锁国的风习，治乱兴废不与外国相关。既与外国不发生关系，所以治是一国国内的治，乱也是一国国内的乱。再者经过这种治乱而不曾丧失的独立，也只是一国国内的独立，而不是和外国争锋以后所得到的独立。这就像关在家里抚养、还没有和外人接触过的儿童一样，其脆弱性是可想而知的。

现在我国忽然和外国建立邦交，国内的事没有一件不与对外关系息息相关，差不多每件事情都要比照外国办理。如将我国自古以来所达到的文明程度和今日西洋各国的状况相比较，那就不仅要“退避三舍”，就是想摹仿他们，也不免望洋兴叹，因此更加感觉到我国独立的不巩固了。

一国的文明程度不能从外表来衡量，所谓学校、工业、陆海军等等，都只是文明的外表，达到这种文明的外表，并非难事，只要用钱就可以买到。可是在这里还有一种无形的东西，眼睛看不到，耳朵听不到，既不能买卖，又不能借贷；它普遍存在于全国人民之中，作用很强。要是没有这种东西，国家的学校、工业、海陆军等等也就失去效用，真可以称之为“文明的精神”，它是一种极其伟大而又重要的东西。这究竟是什么呢？就是人民的独立精神。

近来我国政府虽然不断开设学校和倡办工业，海陆军制度也大为改观，略具文明的形式。可是人民还没有抱定巩固我国独立的决心，并对外进行竞争。不仅如此，即令偶然有机会得知西方情况的人，也是在尚未了解以前就害怕起来，既然抱着害怕的心理，那么即使我们略有所得，也不能对外运用。可见人民若是没有独立的精神，那些文明的形式也就终于会成为无用的长物了。

我国人民没有独立精神的原因，是由于数千年来国家的政权完全由政府一手掌握，从文事武备到工商各业，以至于民间的生活细节，都要归政府管辖。人民只知在政府指使下奔走效劳，国家好像是政府的私有物，人民不过是国家的食客。人民既成了流浪的食客，仅得寄食于国中，便把国家看成旅馆一般，从来没有加以深切的关怀，也得不到表现独立精神的机会，久之就酿成全国的风气，到了现在，更是变本加厉了。大凡世间事物，不进则退，不退则进，决无不进不退停滞不动之理。试观现在日本的情形，纵然文明的形式虽似有所进步，而作为文明精神的人民独立精神却日益退步。兹就这点来讨论一下：在以前的足利[①]和德川时代，政府只凭强力来役使人民，人民服从政府是由于力量不足。力量不足并不是衷心悦服，只是害怕政府的强力而表面服从罢了。现在的政府则不仅有力量，还有敏锐的智慧，向来做事不失时机，所以维新不到十年，就有了学校和兵备的改革、铁道电报的敷设，还建筑了隧道、铁桥等，其决断的神速，成绩的辉煌，实足令人耳目一新。然而这些学校、兵备乃是政府的学校、兵备，铁道、电信也是政府的铁道、电信，隧道、铁桥自然也是政府的隧道、铁桥。至于人民究竟是如何看法呢？人们都说：政府不仅有能力，而且有智慧，实在远非我等所及；政府是在上面掌管着国家，而我们仅在下面依赖着国家，忧国之事是上面政府的责任，和下面的百姓无关。总的说来，就是古时的政府使用威力，现在的政府力智兼用；古时的政府缺乏

① 足利时代(1378—1565)亦称室町时代，初代将军为足利尊氏。——译者

治民的方法，现在的政府富于智术；古时的政府是锉抑民力，现在的政府是收揽民心；古时的政府是从外面侵犯人民，现在的政府是从内部控制人民；古时的人民把政府看做是鬼，现在的人民却把政府看做是神；古时的人民畏惧政府，现在的人民则崇拜政府。若不乘这种情势来改弦更张，则政府今后举办事业，纵然越来越具备文明形式，人民却会越来越丧失独立精神，从而文明的精神也会逐渐衰退。例如现在政府建立了常备军，人民本应视为护国的军队，兴高采烈地祝其壮大，然而事实上却反而把它看成是威吓人民的工具，只有心怀恐怖。又如现在政府开办了学校和敷设了铁道，人民本应把它当作一国文明的象征，加以夸耀，但实际上却把它视为政府的恩惠，在这种恩赐之下越发增加依赖心理。人民既然对本国政府抱有畏缩恐惧的心理，又哪里谈得到在文明上和外国竞争呢？所以说如果人民没有独立精神，则徒具形式的文明，不仅是无用的废物，而且反而会使民心萎靡。

由此可见，一国的文明，既不可由上面的政府发起，又不能自下面的一般人民产生，而须由居于二者之间的人来兴办，一面向人民群众指出方向，一面与政府共同协力，才能期望其成功。考察西洋各国历史，经营工商业的办法没有一件是政府创造的。它的基本技术，都是居社会中等地位的学者们研究出来的。例如蒸汽机是瓦特发明的，铁道是斯蒂芬荪研制的，首论经济规律和改变经商方法的是亚当·斯密的功劳。这些大专家(即所谓“中产阶级”)既不是国家的执政者，也不是干体力活的小民，而是居于国内的中等地位，用智力来领导社会的人们。他们的研究发明，先是一个人在心里有所领悟，然后公开发表，在实际施行中广结私人同志，使其日益发展壮大，把造福人民的事业留传万世。在这个时候，政府只须不加妨碍，适当的予以鼓励，并考察人心所向，尽量加以保护就行了。所以兴办文明事业的是个别人民，而保护文明事业的则系政府，这样一国人民就能把增进文明引为己任，互相比赛竞争，互相羡慕夸耀。国内有一件好事，全国人民都拍手称快，唯恐别国捷足先登，所以文明的事业就都成为增长人民志气的工具，一事一物无不有助于国家独立的。然而我国的现况却与上述情形相反。

今天在我国居于那种“中产阶级”地位，可以首倡文明、维持国家独立的只是一些学者。可是这些学者观察时事的眼光不高，或者忧国不如忧己那样深切，或者溺于世风，以为只有倚仗政府才能成事，几乎都不安于其学者的地位，而走上了宦途，奔走于微末的俗务，徒劳身心。他们的举动虽多可笑之处，但却甘心而为之，别人也就不以为怪；甚至有人认为这种现象是“野无遗贤”，而感到高兴。这固然是时势使然，其罪不在某个人的身上，但是为了国家的文明前途着想，却可以说是一大灾难。学者身当增进文明的大任，坐视文明精神日渐衰退而不以为忧，真足令人长叹息和痛哭了。唯独我们庆应义塾的同仁，尚能免此灾祸，几年来还没有丧失独立，在独立的义塾中培养独立的精神，并期进而维护全国的独立。但是社会潮流的力量有如急流狂飙，要在这种激流中屹立不动确非易事。如果没有非常的勇气毅力，便会不知不觉地随波逐流，往往有失足的危险。原来人的勇气不能仅凭读书而得，读书是求学的方法，学问是做事的方法，若不经常接触实际熟悉事务，绝不会产生勇气。我们同仁中已经掌握方法的人，就应当忍受贫苦，克服困难，把获得的知识应用到文明事业上去。至于可办的事业则不

胜枚举，如振兴商业，研究法律，兴办工厂，开发农业和从事著作翻译及新闻出版事业等。我们应当把一切文明事业都引为己任，为民前驱，协助政府，使公私的力量平衡，以增进全国的实力，而将脆弱的独立奠定在不可动摇的基础上，与外国实行竞赛而毫不退让。如果从现在起过了几十个新年以后，再回想今天的光景，不但不觉得今天的独立可喜，反而觉得可怜可笑的话，岂不是一件很大的快事吗？因此我希望学者们认定正确的方向，并努力求其实现。

第　六　篇

论尊重国法

政府是代表国民，按照国民的意志执行事务的。它的职责不外乎是制裁罪人和保护无罪的人。这就是执行国民的意志。如能达到这种目的，对于国家是有益处的。本来有罪的人就是恶人，无罪的人就是善人，如有恶人想来妨害善人，善人就须自行预防；有想杀害自己父母妻子的人就捕而杀之；有想盗窃自己财产的人就捕而鞭笞之，这是没有什么不合理的。但是要用个人有限的力量来对付和防止多数的恶人却是很费力的。即令有相当准备，也要花很大的费用，并且不会有什么效果。所以就如上述那样，订下了这样的约束：建立代表全体国民的政府，以尽其保护善人的职责，而官吏的薪俸和其他政府的各项费用,都由国民来负担。既然政府代表全体国民而行使政权,那么政府所做的就是国民的事,国民也就必须服从政府的法令,这也是国民和政府间的约束。因此国民服从政府,并不是服从政府制定的法令,而是服从自己所制定的法令;国民破坏法令,并不是破坏政府制定的法令,而是破坏自己所制定的法令;国民因违法而受到刑罚,也并不是被政府处罚,而是由自己所制定的法令处罚。换言之,这就是意味着国民一个人做两个人的事:第一是建立代表自己的政府,来制裁国内的恶人和保护善人,第二是严守同政府的约束,服从国法,并接受保护。

如上所述,国民既已与政府约定,把执行政令的权力委交政府,那就丝毫不能破坏这种约束和违背法令。比方逮捕杀人犯和处以死刑是政府的权力;逮捕和监禁盗贼是政府的权力;提起公诉是政府的权力;取缔流氓斗殴是政府的权力,人民是丝毫不能干涉这些权力的。如果违背这项原则,私杀罪人,或捕擒盗贼私加体罚等等,那就成为触犯国法而私自裁判他人罪行的人,叫做私设公堂,是不能免于罪责的。对于这种罪行,文明各国所定的制裁法律都很严格,真可以说是威而不猛。但是在我们日本,政府的权威虽然好像很大,可是有些人民只畏惧政府之尊,而不知法之可贵。兹将私自裁判的弊害和国法之可贵缕述如下:

譬如有强盗进入我们的家里,威胁家人,想要掠夺金钱,此时作为家长的职责应当是将事件的经过报告政府,听候政府处理。但如事出火急,已经来不及报告政府,而盗贼已在纷扰中进入贮藏室,就要把金钱抢走。若是想在这种情势下加以制止,就连家长的生命也有危险,因此全家被迫要进行私人防御,作为一时权宜之计而擒拿这个强盗,然后诉诸政府。擒拿时可能使用棍棒利刃,还可能伤害盗贼或打断盗贼的腿,万分紧急时甚至可能枪杀之。尽管如此,主人毕竟只是为了保护自己的生命财产,才采取上述一时权宜之计,其目的绝不是追究盗贼的违法、处罚盗贼的罪行。因为处罚罪人只是政府的权限,而不是私人的职责。所以用私人的力量拿住盗贼以后,作为一个平民,就不许伤害他,殴打他,也不许对他稍加侵犯,只有诉诸政府,听候政府的审判。假如拿住盗贼以后乘怒杀伤和殴打他,其罪行就等于杀害和殴打无罪的人。譬如有个国家的法律规定,盗窃现款十元者处笞刑一百,用脚踢他的脸的人也处笞刑一百。在这里如有盗贼侵入他人住宅,盗窃了十元钱以后想要逃走,却被主人拿住,并将其捆绑起来,甚至乘怒用脚踢了他的脸,那么按照这个国家的法律来办,犯窃款十元之罪的贼固应处以笞刑一百,而主人犯了平民私自制裁盗贼和用脚踢他的脸之罪,也须处以笞刑一百。国法之严如此,所以人们不可不有所畏惧。

从上述道理来考虑,可以理解报仇是不妥的。[①] 杀我父母的人是在国内杀人的公众的罪人,逮捕处刑只是政府的职责,而非平民所能干预,纵因自己是被杀者的儿子,也没有私自代替政府杀害这个公众的罪人的道理。那不仅是冒失大胆的举动,也可说是不顾人民的职责、违背与政府订立的约束。假如政府对此处理不当或偏袒罪人,也只能根据不公正的情形对政府提出控诉。无论发

① 作者写此文的前一年,即明治六年二月,政府公布了禁止报仇的法令。——校者

生什么事故，都不能自己动手；即使杀亲的仇人在眼前徘徊，也没有私自杀害他的道理。

在从前德川时代，浅野[①]的家臣们为了给主人报仇，杀了吉良上野介，世间称之为赤穗义士，那岂不是大错而特错吗！当时日本的政府就是德川幕府，浅野内匠头、吉良上野介[②]和浅野的家臣们都是日本的国民，即都是约定服从政府法律，受政府保护的人。但因一时错误，上野介对内匠头有了无礼行为，内匠头竟不知诉诸政府，而在盛怒之下想私自杀害上野介，遂至引起双方争斗。德川政府裁判责令内匠头切腹自杀，上野介免刑。这一裁判实在是不公正的。可是浅野的家臣们如果认为这个裁判不公正的话，为什么不诉诸政府呢？兹假设四十七位义士于计议以后，据理依法诉诸政府，也许政府暴虐，初时对这个诉讼置之不理，也可能把他们逮捕处死。尽管如此，假如他们有一个被杀，仍不畏惧，又代之上诉，前仆后继地向政府控诉，一直到四十七名家臣诉尽了理、丧尽了命为止，那么不管它是怎样坏的政府，总会终于为理所屈，对上野介加以刑罚，从而改正其判决，只有这样才可以叫做真正的义士。但是他们过去不明白这种道理，身为人民而不知尊重国法，妄自杀害上野介，真可以说是错认了人民职分，侵犯了政府权限，私自制裁了别人的罪行。所幸当时德川政府把这些暴徒都处了刑，而使事件平息了结。假如不加惩处，那么吉良的族人一定会对赤穗的家臣们进行复仇而杀害他们，接着家臣们的族人又要对吉良的族人

① 浅野，播州诸侯。其封地名赤穗，今属广岛县。——译者

② 内匠头是浅野长矩的职名，司理土木工程事务，相当于清朝的营造司郎中；上野（州名）介是吉良义央的官职，介是次官。——译者

进行复仇，仇仇相报，永无休日，不到双方的族人和朋友死尽不止，所谓无政无法的社会就是这样的。私自制裁之贻害国家如此，岂可不慎？

从前日本古时对于农民商人之辈冒犯了具有武士身份的人，设有格杀勿论的法律，这是政府公然默许私人制裁，岂非荒谬已极？凡是一个国家的法制，只应该由唯一的政府来施行，法制愈滥，政府的权力也随之愈弱。例如封建时代的三百诸侯，都握有生杀之权，从而政府的力量也就相应地削弱了。

私自制裁中最厉害的和为害政治最大的就是暗杀。环顾古今暗杀事件，有的是为了私怨，有的是为了夺取金钱。企图进行这种暗杀的人们，本来就怀着犯罪的决心，自己打算做个罪人。另外还有一种暗杀，并不是为了私人目的，而是憎恶所谓政敌（Political enemy）而加以杀害。这种人由于各自政见不同，即以个人的见解，裁决他人的罪行，并侵害政府的权限，随意杀人，而且不仅恬不知耻，反而自鸣得意，自称为奉行天诛。也有人加以赞扬，称之为报国之士。可是所谓天诛，究竟是怎么样一回事呢？难道说是替天代行诛罚的意思吗？如果是这种意思，那就先要想一下自己的身份。本来在一个国家里居住，无论和政府缔结什么契约，总须约定遵守国法并接受保护。如在国家政事中发现令人不平的事，或认为有人危害国家，理应平心静气地诉诸政府。对政府置之不理，而自己来做替天行道的事，岂不是逾分已极吗？归根结底，这样的人虽然性情耿直，但是昧于事物之理，只知忧国之当然，而不知忧国之所以然。试观天下古今的事实，未曾有以暗杀而能成大事和增进人间幸福的。

不知尊重国法的人仅知畏惧官吏，在官吏面前尽量设法逃避表面上的罪名，实际上却已犯罪，而不以为耻。不仅不以为耻，还以其狡猾地破坏法制和逃避罪行为能事，企图博得好评。在现今社会上的日常谈话中，常有人说道，这虽是国家的大法，但也不过是政府的外表，要办某件事，只要私下计议妥当，使无碍于外表的大法，就成为公开的秘密了。这种人边笑边谈，毫不内疚于心，甚至于还和小吏们秘密策划，互相勾结，而装作无罪的人。固然国家的“大法”是过于烦琐，如果不是这样，前述阴谋也可能不会发生，但是从一国的政治来讲，却是最可怕的弊端。因为这样会养成轻蔑国法的习惯，助长一般人民不诚实的风气，不遵守应当遵守的法律，终于酿成罪行。例如禁止当街小便是现今政府的法律，可是人民却不能体会这个禁令之可贵，仅仅是怕遇见巡警，因此在日暮人稀的时候，等到没有巡警便违法自行方便，没想到竟被发现而受到了处罚。他们虽然当面认罪，但是内心并未体会到是犯了严肃的国法才被处罚，而只认为是倒霉才碰到了可怕的巡警。这种情况岂不令人可叹？因此，政府立法应力求简易，法律既定，就必须严格执行。如果人民看到政府所制定的法律有不便之处，就应该毫无顾虑地提出意见。如已承认这些法律，并在其下生活，就不应窃议是非，而须严格遵守。

我们庆应义塾在上个月发生过这样一件事：贵族太田资美[①]先生，从前年起捐款雇用一个美国人充任义塾教师。这次任期已

① 太田资美：原为远州挂川藩主。明治四年入庆应义塾学习，后为赞助人。——校者

满，准备雇用另外一个美国人，已经和本人谈妥，遂由太田具文向东京府申请让这个美国人充任义塾的文学教师。但据教育部的条文规定，用私款雇用私立学校教师，虽是私人教育，当教师的也必须持有在本国学完该学科的毕业证书，否则不准雇用。可是这次想雇用的美国人没有这种证书，教育部就通知太田说：要是只当语学教师尚无不可，若按照申请内容派他充任文学教师却碍难照准。接着福泽谕吉又向东京府提出书面申请，指出这位教师虽然没有毕业证书，但其学力足以教授本校学生，故请按照太田的申请准予任用；并提出，虽说申请雇用那个美国人为语学教师，可以邀准，但是我校学生原来是想学文学，不愿伪称语学以欺政府。结果由于教育部的规定不能变更，谕吉的申请也被驳回。因此已经谈妥的教师就不能雇用，那人已于去年十二月下旬离日返美，太田先生的心愿成为泡影，数百学生也为之失望。这实在不仅是一个私立学校的不幸，又大大妨害了我国文学的研究，真是不智已极。但因顾全国家法制的尊严，也就无可如何了。最近我们还想再申请一次，曾与太田等人就此事在社中进行磋商，认为教育部所规定的私立学校教师规程固属国家大法，但如将文学字样改为语学二字，申请便可邀准，对学生即为大幸，似可进行。可是经过再三商议以后，终于认为这次不能雇用那位教师，虽然可能影响学生们的学业，然而欺瞒政府又是士君子所耻，所以谨守国法，不违人民本分是为上策，此事就告一段落了。本来一个私立学校的问题似乎是无关重要，但因上述议论的主旨有关世道，所以附记篇末。

第 七 篇

论国民的职责

我在第六篇里论及尊重国法，主张每一个国民都要努力尽到两个人的职责，在这里我要再来详细叙述一下国民的任务与职责，以补第六篇之不足。

凡属人民，均应一身兼负两种职责：一方面应在政府领导之下，充当一个公民，这是作客的立场；另一方面全国人民共同协商，结成一个称为国家的公司，制定法规，并付诸实施，这是当家做主的立场。比如某一市镇有居民一百人，结成一个公司。大家商定章程，并付诸实施，从这一点来看，这一百个人都是公司的主人。但就公司里的人都不可违背所定章程来看，这一百个人又是公司的客人了。因此国家就像一个公司，人民就像公司里的成员，每一成员都负有主客两种职责。

第一，先以客人的身份来讲，凡属一国的人民，均须尊重国家法律，不可忘记人与人平等的原则。我既不愿他人损害我的权利，我也不可损害他人的权利；我之所乐，他人也以为乐，故不可夺人之乐，以增我之乐；更不可窃取他人之物以自富；既不可杀人，也不可谗害别人：而应严守国法，服膺人与人平等的大义。基于国家政体而制定的法律，即或感到尚不完备，也不应妄行破坏。出兵或与外国缔结条约，权在政府，虽然此权系由人民根据约法授予政府，但如非参与政府职权者绝不可干预其事。若是人民忘却此义，一见政府措施不合己意，即肆加非议，或不遵守法令，兴师动众，甚至一马当先，拔刃相见，那么国政就一天也不能维持了。这好比上述一百个人组织的公司，经协商后推定十位经理，但其余的九十人都不赞同经理的办法，各自为政，经理要卖酒，九十人偏要卖饼，议论纷纭，莫衷一是。甚至有人一意孤行，私自卖起饼来，或者违背公司章程，毫无道理地与他人争论，这样公司的买卖就一天也做不成，势须解散，而公司的损失，则将由百人分担，那岂不是最愚蠢的事吗？由此可见，国法中若有不完备之处，没有道理以此作为口实而进行破坏，如果事实上发现不正不便的具体条款，也须平心静气，向相当于一国经理的政府建议，促其改革，万一政府不肯采纳，也只好尽力忍耐，以待时机。

第二，再就主人的身份来说，全国人民不能人人执政，故订立下述的约法，即设立政府，委以国政，代表人民办理一切事务。可见民为邦本，人民就是主人，政府只是代表或经理。比如由公司的成员百人中选出经理十人，等于政府。其余的九十人则相当于人民，那九十人虽然不在公司里办事，但也将事务委交自己的代理人，那么他们就是公司主人的身份了。至于选出的十位经理，现在办理公司事务，乃是按照契约，受了公司的委托，依据其意志行事，所办的不是个人的私事，而是公司的公务。因此世人称政府事务为公务。顾名思义，追本溯源，凡属政事，绝不是官吏的私事，而是代替人民管理全国的公共事务。由此可见，所谓政府，就是承受了人民的委托，遵行约法，使全国人民，无分贵贱上下，都能行使其权利，并须做到法制正确、奖惩严明和大公无私。假如有一群盗匪闯进民家，而政府见了不能制止，就可以说政府是盗匪的徒党。若是政府不能贯彻国法的旨意，以致人民遭受损害，则不论损失的多少，出事的迟早，都应该负责赔偿。比如由于官吏的疏忽，使国人或外侨遭受损失，因而赔偿了三万圆。而政府本身是没有钱的，赔款的出处是人民，那么按日本人口三千万人计算，每人就要分担十文钱，倘若官吏如此疏忽十次，每人就要出一百文。如果一家五口，就要出五百文。乡下的农户有了五百文钱，就可以一家围坐，摆设酒宴尽一夕之欢。由于官吏们的疏忽，而使全日本国的无辜小民失去无上的欢乐，那是多么不幸？从人民的立场来说，好像是无端出了一笔傻钱，无奈人民具有国家主人的身份，既已将国事付托政府，这一切损失只好由主人承担下来，不应专为金钱损失而苛责官吏。所以人民应该时常留心，如果看到政府措施有不妥之处，即应毫不客气地予以深切正确的忠告。

人民既然是一国的主人，那么负担保卫国家的一切费用就是应尽的职责，在缴纳的时候，绝不应稍露不满之色。要知道为了保卫国家，即须发给官吏薪俸，还不能不支付海陆军费及法院和地方官的经费。总算起来，数目似乎很大。可是每人要分摊多少呢？就日本的岁入来看，按照全国人口平均计算，每人只出一、二日圆。一年间一人只出一、二日圆，却受到政府的保护，晚上不怕盗贼，单身旅行不怕抢劫，得以安然度日，岂不是大为上算吗？世间尽管有合算的买卖，可是再没比纳税给政府而受保护的事更便宜的。环顾世人，有的把钱花在美轮美奂的建筑上，也有的倾财于锦衣美食上，甚至有人花天酒地以致倾家荡产，这种花费是不能与纳税同日而语的。总而言之,不应当出的钱,即使一分也该爱惜,但是合乎道理而又上算的钱,就该毫不迟疑地付出才是。

如上所述,如果人民和政府各尽本分,和衷共济,那就没有什么可说的。但如政府方面越出本分,施行暴政,这时站在人民立场,就可能采取以下三种举动。一、屈从政府;二、用实力对抗政府;三、坚持真理,舍身力争。

第一,屈从政府是不应该的。遵从正道是人的本分。倘若屈从政府人为的恶法,便是违背了做人的本分。并且一度屈从恶法,便为后世子孙留下恶例,酿成天下普遍不良风气。在日本古代,往往愚民之上有苛暴的政府,政府逞威,人民震恐,见到政府的处置,明知其不合理,但恐明辨是非就会触怒官吏,致贻后患,所以该说的话也不说了。所谓后患就是俗话所说挟私报复,由于人民害怕这种挟私报复的后患,所以不管政府如何无理,只知一味唯命是从。这种心理相沿成风,造成今日卑屈的状态。这就是人民卑躬屈节遗患后世的一例。

第二,用实力对抗政府,原不是一个人所能做到的事,必须纠合同党,掀起内乱。这实不能称为上策。因为既经起兵与政府为敌,就只好把事理的是非曲直姑置不论,而致力于力量大小的较量。但就古今内乱的历史看来,人民的力量常较政府为弱。而且内乱一起,那一国的原有政治机构必然颠覆。可是无论那个旧政府怎样的坏,总还有些善政良法,不然就不会维持相当的年月。因此一旦轻举妄动地推翻了它,仍难免以暴易暴,以愚代愚。再探索内乱的根源,总由于不合人情而起,可是人类世界上不合人情的事,再没有甚过内乱的。内乱一起,父子兄弟都会自相残杀,更不用说朋友关系了。真是杀人放火,无恶不作。在这种恐怖情况下,人心越发残忍,人的举动几乎近于禽兽。弄到这样地步却希望施行比旧政府还好的良法善政,欲引导天下人情复归于善良,岂非梦想?

第三,坚持真理,舍身力争,是说要坚信天理而不疑,不论处于何种暴政之下,身受怎样苛酷的法制,都能忍受痛苦,矢志不渝,不携寸铁,不使武力,只用真理来说服政府。

在以上三策中,这第三策才是上策中的上策。因为用真理来说服政府,丝毫不会妨害这个国家当时原有的善政良法,即或正论不被采用,只要理之所在,已由此论阐明,则天下人心自然悦服。因此,今年如行不通,可以期之来年。此外,用实力来对抗政府,会有得不偿失之患,若用真理来说服政府,就只会除去应除之害,而不会发生其他流弊。说理的目的,在于阻止政府不正当的措施,只须政府处置归于正途,则议论也就自然停止。若是用实力来与政府对抗,必然引起政府的震怒,势将不顾一切,益逞淫威,为所欲为,甘冒不韪。至于采用平心静气的说理办法,则虽暴虐政府的官吏,也是我们同国的人,见到我们因坚持真理而舍身力争,必将发生同情相怜之心,从而决心悔改。

凡因忧世而苦其身心,甚至牺牲其生命的,西洋称为“殉道”(Martyrdom),虽然所丧失的不过一人之身,而其功能却远较杀千万人费千万金的内乱之师为好。日本自古以来,有很多战死的,也有很多切腹自杀的,均被称为忠臣义士,得到了很高的评价。但如追寻他们舍身的原由,总不外是与两主争夺政权的战争有关,或是为了替他的主人报仇而慷慨捐躯,表面上似乎很堂皇,其实对于社会并无益处。他们相信各为其主，到了有愧主人时，就只有一死相报。这是不文明时代常有的事；今天用现代文明的眼光来看，可以说他们是不知死所。因为所谓文明，本来是指人类智德进步，每个人都能支配他自己，使人世间交往没有互相为害的事，从而各自行使其权利，达到社会上普遍的安全和繁荣。那么兴师也好，复仇也好，只要合乎上述文明的精神，兴师能克敌制胜，复仇能保全主人的名誉，且其目的在于促进社会文明，发展工商业，以实现普遍的安全和繁荣，则亦似乎有充分的理由。但是事实上他们并未抱有这种目的，况且那些忠臣义士也没有那种眼光，只是泥于因果之理，图报主人罢了。时至今日，这种为主人而捐生的所谓忠臣义士还有不少。例如有个名叫权助[①]的仆人，奉主人的命令出差，丢了一两金子，徘徊途中，自觉无以对主人，就决定在道旁树枝上用腰带自缢身死。世间这样的例子还有不少。推此义仆寻死时的心理，察其实际情形，也未尝不可怜悯，真可以说是“出使未返身先死，长使英雄泪满襟”。权助受了主人的委托，却丢失了一两金子，就拿一死来尽君臣之分，自以为无愧于古今忠臣义士，其忠诚可与日月争辉，名声可与天地共存。绝不料世人是这样薄情，对他并不重视，既不为他立碑表扬，也不为他建祠祭祀，却认为权助为了一两金子而死，视生命轻于鸿毛。但是事体的轻重，不能用金子的多少和人数的众寡来衡量，而应视其是否有利于社会文明而定。因此那些忠臣义士杀了一万敌人而战死也好，权助丢了一两金子而

① 本文发表后，由于作者对封建思想的批判，引起了保守派的反感，导致“楠公权助论”的论战，楠公指楠木正成，即所谓忠臣的代表。后来作者化名写了《评〈劝学篇〉》一文，请参阅。——校者

自缢也好，其无益于今世文明则一，同时也分不出孰轻孰重。可以说义士和权助都不知死所，这等行为是不值得称为“殉道”的。就我所知，主张人民的权利，提倡真理，进谏政府，终于舍身成仁而无愧于世的，自古以来，只有佐仓宗五郎[①]一人。但是关于宗五郎的传记，只有民间俗本之类，还没有详细列入正史。我如果能够得到材料，今后一定要把它写出来，表扬其功德，以供世人借鉴。

第　八　篇

勿以自己的意志强制他人

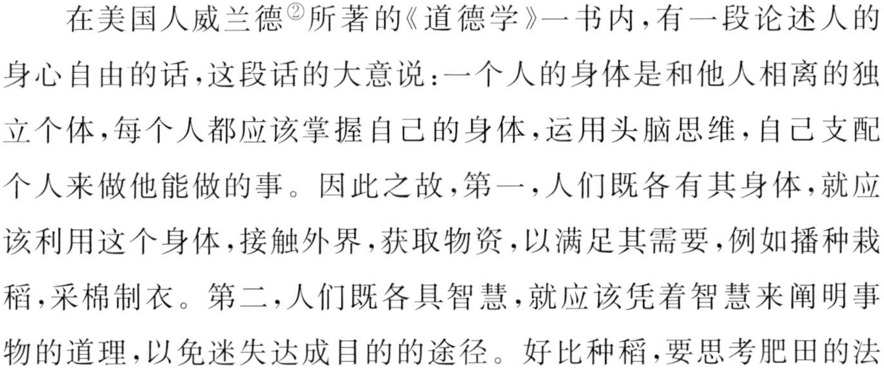

在美国人威兰德[②]所著的《道德学》一书内，有一段论述人的身心自由的话，这段话的大意说：一个人的身体是和他人相离的独立个体，每个人都应该掌握自己的身体，运用头脑思维，自己支配个人来做他能做的事。因此之故，第一，人们既各有其身体，就应该利用这个身体，接触外界，获取物资，以满足其需要，例如播种栽稻，采棉制衣。第二，人们既各具智慧，就应该凭着智慧来阐明事物的道理，以免迷失达成目的的途径。好比种稻，要思考肥田的法

① 日本民间流传的农民运动领袖。传说他是十七世纪中叶下总（今千叶县）的村长，由于领主横征暴敛，独自向将军进行控诉，以致被处极刑，但赋税得以减轻。——译者

② 威兰德（Francis Wayland，1796—1865）美国的教育家。——校者

子;织布,应先研究织机,这些都是发挥智慧的工作。第三,人们各具欲求,应当用这个欲求来激起身心的活动,借以满足这个欲望,而造成个人的幸福。比如人们固然没有不喜爱锦衣美食的,但是这些锦衣美食并非自然生长于天地之间,要想获得这类的东西,没有人们的劳动是不可能的,所以人们的劳动,大都是由于感受欲求的迫促而起,倘若没有这种欲求,就不可能有劳动,没有劳动,就不可能享有快乐的幸福。例如禅寺里的和尚们不从事劳动,也就没有幸福可言。第四,人们各具有虔诚的本心,就应该用虔诚的意志来抑制情欲,端正方向,借以决定行止。倘若情欲漫无限制,也就难于充分肯定锦衣美食的界限。今若抛弃应当做的事情,只满足一己的欲望,那就只有害人利己,实在不能说是人类应有的行为。处在这种时候,使人们能够分辨情欲和道理,脱离情欲而走向道理这一方面来的,便是虔诚的本心。第五,人们各具自己的思想,应当凭此思想来立定做事的志向。比如世界上一切的事情都不是偶然做成的,无论好事和坏事都是由于人们具有要做这件事的意志才能做成。

以上五点,是人类不可缺少的因素,能自由自在地运用这些因素的力量,就可以达到一身的独立。但是所谓独立,绝不是像乖僻之士那样离群索居,落落寡合。因为人生在世不能没有朋友,朋友的求交于我,也和我的企慕朋友相同,世间的交往是相互间的事。要紧的是运用上述五种力量,依据自然确定的法则,不可逾越其限度。这个限度,乃是我用这种力量,他人也用这种力量而互不妨碍之谓。只有这样,才不致违背做人的本分来处世,既不怨天,又不尤人,这才算得是人生的权利。

由此可见，我们做人的道理，就在于不妨害他人的权利，自由自在地运用自己的身体。至于行其所好，忍其所欲，或事劳动，或事嬉游，或为此事，或务彼业，或则昼夜用功，或则懒散无为，终日蜷伏安寝，因与他人不发生关系，也就没有从旁议论其是非的理由。

与此相反，现在可能有人会发表议论说，“人们不问是非，只应按他人的心意行事，不宜提出本人的想法”，那就应该问问，这种议论究竟是否合理？如系理所当然，就应当能通用于一切人类居住的世界？兹特举例说明：天皇比将军尊贵，所以天皇任意将其意志强加于将军的身上，欲行却要他止，欲止却要他行，起卧饮食，都要将军依照天皇一己的意志来进行。将军又来限制手下的诸侯，把自己的意志，恣意加诸诸侯的身上。诸侯又以自己的意志限制大夫，大夫又用自己的意志限制属吏，属吏限制侍从，侍从限制步卒，步卒限制农民，到了农民，因下面再无人可供其限制，就感到为难了。要是这个议论本可通用于人类世界，并系基于当然之理，则按百万遍的道理[①]，经过循环，必然会返本还原。“农民也是人，天皇也是人，不必顾忌”，既然得到许可，农民以自己的意志任意加之于天皇身上，当行幸时要他休止，当居行宫时要他还朝，起居饮食，都要他按照农民的想法来做，废除锦衣玉食，但食麦饭葵羹，又当如何？这岂不是意味着日本人民并无控制其本人身体的义务，却有限制他人的权利？这也就等于说人们的身心完全异地而处，其身体恰如他人的灵魂所留宿的旅店。好比酒徒的灵魂挪装到酒量小

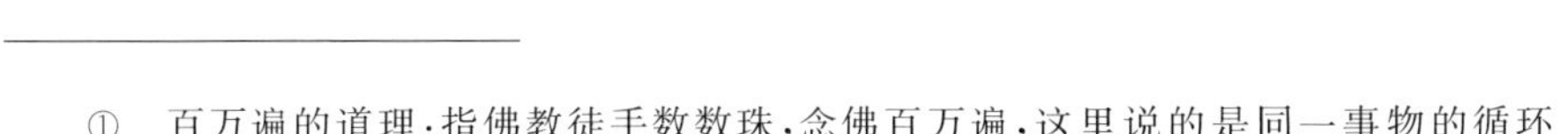

① 百万遍的道理：指佛教徒手数数珠，念佛百万遍，这里说的是同一事物的循环往复。——校者

的人身上，小孩子的身上存在着老人的灵魂，盗贼的灵魂借用孔夫子的躯壳，猎户的灵魂寄宿在释迦牟尼的身上，于是酒量小的任情痛饮美酒，酒徒喝着糖水高呼满意，年老的人攀树做戏，小孩儿手执拐杖和人应酬，孔夫子带着门徒去作盗贼，释迦如来拿着枪炮肆行杀生，这都是离奇怪诞而不可思议的事。如果把这些说成是天理人情，文明开化，就是三岁孩童也不难作出否定的答案。再者远自数千百年的古代以来，中日两国的学者们，都极力提倡上下贵贱名分之说，归根到底，无非是想把别人的灵魂移入我的身上，垂涕道来，谆谆于此，直到末世的今日，其影响所及，已经渐见显著，成为以大制小，以强凌弱之风，因之学者先生们就带着得意的颜色，神代的诸神、周代的圣贤在九泉之下也会感到满足。现在试就其影响所及，举一两个例子说明如下。

关于凭借政府的强力来压制人民的情形，已于前编论列，兹且略而不谈，只先就男女关系来说说。须知生存于人世间的，男的也是人，女的也是人；更就世间所不可缺少的作用来说，天下既不可一日无男，也不可一日无女，其功用确实相同。但亦有不同之处，就是男强女弱，如果健壮的男子和女人争斗起来，当然是男子获得胜利。这就是男女不同的地方。可是现在我们在社会上可以看到，如果有人凭借着力量来掠夺别人的财物，或者污辱别人，就要名之为罪人，处以刑罚。可是在家庭里，却有公然使人蒙耻忍辱，而无人加以责难的事实，又当作何解释呢？《女大学》[1]里写道：

① 日本封建时代的女训书，相传系朱子学家贝原益轩（1630—1714）所撰。——译者

“妇女有三从之道，幼时从父母，出嫁从夫，老来从子。”[①]在幼时顺从父母，虽然无可非议，但是嫁后应该怎样来从夫，却不能不问。按照《女大学》的说法，纵然丈夫酗酒耽色，诟妻詈子，极其放荡淫乱，可是妇人仍然应该顺从。对于这个淫荡的丈夫，总要敬之如天，待之和颜悦色，尽管存有异议，亦不得牢记前怨。按照这项教条的旨趣，就是说淫夫也好，奸夫也好，既然已经结为夫妇，纵使蒙受何等耻辱，也不得不降心依从。只有不存于心，犯颜婉谏的权利，至于听从与否，那就完全在于淫夫的心意，也就是只能把淫夫的心意当作天命，除了听天由命以外，别无其他办法。佛书上说女人罪孽深重，其实从这种情形看来，女人一生下来，确实与犯了大罪的罪人无异。另一方面，对于妇女的责备则极其苛刻。《女大学》有妇人七出之条，明确记载“如犯淫乱，即令大归”的制裁，给予男子以很大的便利，这岂不又是片面的教条吗？由此可见，只是由于男强女弱，即基于腕力的大小，就树立了男女之间的上下名分的教条。

以上是就奸夫淫妇来说的。现在再来谈谈纳妾的问题。本来世界上男女出生的数量是差不多的，根据西洋人士的统计，男子的出生率较女子稍高，其比例约为男子二十二人，女子二十人。所以一个男子娶两三个女人，明明是违背天理，不妨直称之为禽兽。本来同父共母的人称为兄弟，父母兄弟共同居住之所称为家庭。今兄弟同父异母，一父而众母，怎能算得是人类的家庭呢？即依照家字的意义，亦复不能成立。纵令其楼阁巍峨，宫室美丽，但从我的

① 据考证，此语出于贝原益轩的《和俗童子训》，而非《女大学》所载。——校者

眼里看来，却不得不认为它不是人的家，而是畜类的棚屋。自古以来，未听说过妻妾群居一家而能和睦无事的。妾也是人家的子女，为了一时的情欲却把她们当作禽兽来役使，搅乱一家的风纪，有害子孙的教养，流祸天下，遗毒后世，岂能不目之为罪人？有人或者会说："收养众妾，果能处置得宜，也于人情没有妨害。"这是夫子自道的说法。倘若果真不错，那么，让妇女也收养很多丈夫，名之为男妾，给予二等亲属的地位，又当如何呢？如果纳妾而能善治其家，无害于社会大义，我当闭口不言，天下男子，可自为计。

又有人说："蓄妾是为了有后，孟子不是说过不孝有三，无后为大"吗？我的回答是：对于提倡违反天理，倒行逆施的人，即使是孟子孔子，也不必有所顾虑，仍当视为罪人。娶妻而不生子，怎么就认为是大不孝呢？这真是故甚其词，只要稍具备人心，谁能相信孟子的妄言？所谓不孝，是指为人子者做出了背理的事，使父母的身心感受不快。在老人的心理，当然是喜欢抱孙的，可是不能因为孙子的诞生稍晚，便认为是儿子的不孝。试问天下做父母的，那有在儿子缔结良缘，获配佳妇以后，因为恨他们没有生孙子，而叱骂其媳，鞭笞其子，或竟要把他赶出家门呢？世界虽大，却也没有听到有这样奇怪的人。这些实在全是谬论，毋庸辩解，各人自问其心，自可得到回答。

孝顺父母，本来是做人的当然之理，假如遇到老者，即使是陌生的人，也应该殷勤致敬，何况对于自己的父母，岂能不尽其情？人们尽孝的动机，既非为利，也非为名，只因他们是我的父母，就应当以自然的诚意，来尽孝行。从古以来，在中国和日本，劝人行孝的故事很多，以"二十四孝"为最著名，这类书籍，不胜枚举。但其中十之八九，是劝人做世间难以做到的事情，或者叙述得愚昧可笑，甚至是把违背道理的事情誉为孝行。比如在严寒中，裸体卧在冰上，等待融解，这是人们所不能做到的；又如在夏天的夜里，把酒洒在自己的身体上，以饱蚊蚋，免得蚊子再去咬他父母的身体。如将沽酒的代价来置备蚊帐，岂不更为明智？再如不从事可以奉养父母的劳动，到了无法可施时，却将毫无罪过的赤子挖洞活埋，像这样的人直当认为是魔鬼、蛇蝎，其伤害天理人情，达于极点。前引“不孝有三”之论中既认为不生子是大不孝，现在却又将生下的儿子挖洞活埋以绝其后，究竟怎样做才算是孝行，这岂非前后矛盾的谰言？总之这种劝孝的说法，其目的是严责为人子者，以正父子之名，明上下之分。这些劝孝者在许许多多的教条中，指出儿女在妊娠中使其母受尽痛苦，降生后三年尚不能离开父母之怀抱，其洪恩不知如何浩大。可是生儿养子，不仅以人类为然，禽兽也是一样，人的父母和禽兽不同的地方，只在于除了与之衣食以外，还加以教育，使其知道为人处世的道理。可是世上做父母的，常有能生儿育女，但并不知道教育子女的道理，本身唯以放荡无赖为事，示子弟以恶例，倾家荡产，自陷贫困，等到年老力衰，家产垂尽，放荡一变而为愚顽，则对其子责以孝道，这又是何居心呢？似这样铁一般的脸皮，真可以算得寡廉鲜耻之尤了。还有些父母贪图儿子的财富，为姑的厌恶儿媳的性情，用父母的意志来压制子媳的身心，即令父母没有道理，儿子总不能作丝毫的分辩；儿媳则如坠入饿鬼的地狱，起居饮食，毫无自由，稍一违反翁姑的意旨，即被责为不孝。世人看到这种情形，虽然心里认为没有道理，但为使自身不致受到责难，却首先袒护做父母的无理言行，毫无情由地归咎于其

子。也有人附和流俗，不问是非，授儿子以诡计，使其欺骗父母，这又岂能说是人类处家之道？我曾经说过："姑鉴不远，在媳之时。"为姑的如果要虐待儿媳，应该回想一下从前自己身为儿媳的时候。

以上是用夫妇和父子两种关系为例来说明上下贵贱的名分所发生的弊害。这种弊害在社会上流行甚广，几乎浸润于人间事物的一切关系之中，下一篇内还要举例说明。

第 九 篇

分述两种学问的主旨
——赠中津旧友——

细察人们的身心的活动，可以分为两类：第一，是指个人本身的活动；第二，是指社会上伙伴之间有关交往的行动。

第一，以身心的活动来解决衣、食、住问题，使自己能过安乐的生活，这可以说是属于个人本身的劳动。但世间万物，对人都是有益的。如种下一粒种子之后，就能收获二三百颗果实；深山树木，不用人工培养，也会自然生长；利用风力可以推动风车；利用河海可以运输；开采山里的煤，汲取河海的水，点火燃烧，发生蒸气，就能推动庞大的火车轮船。自然界的其他奥妙，不胜枚举。人类只不过对自然界的物资，加以改造，使它为自己服务。因此人类所需要的衣食住等生活资料，自然界已经提供了99%，所加的人力只有一分，所以不能说一切都是人力造成的，其实人们只像是拾取路旁现成之物罢了。

因此人们自谋生活，不是什么难事，完成此事，更没有值得夸耀之处。独立生活固然是人们的一件大事，古人说过“你必汗流满面，才得餬口”。[1] 但是我以为就是做到这点，人的任务还是没有完成，古人的说法只是让人不逊于禽兽罢了。试看禽兽鱼虫哪个不会自己寻找食物，而且不但能求一时的满足，像蚂蚁那样，为了未来还在地下掘洞作窝，储蓄过冬的食物。世上也有人像蚂蚁那样只求自己满足。举例来说，男子成人以后，即做工经商，或充任官吏，逐渐不必累及父母亲友，获得适当的生活，也不侵犯他人。如果租不到房子，就自己置办一所简单的住所，一面布置，一面先娶一位勤俭持家的如意妻子，生儿育女。教育抚养费也不太多，又随时准备着三五十元的医药费等意外开支。总之，细心地作长久的打算，保持一个美满家庭，不但自己因为获得独立生活而得意，世人也赞扬他是独立能干的好手。但实际上却大谬不然，这种人只能说是蚂蚁的流亚，其生平事业和蚂蚁并无二致。他们为着衣食和盖房子而劳力操心，虽无愧于古人之训，但是身为万物之灵，其目的任务，又岂能局限于个人的生活呢？

如果人们像上面所说的那样，只是为着满足衣食住而生存，那么人生在世就只是生和死，死时和生时的情形毫无差异。这样世代相传，就是经过了几百代，一村的情形还是依然如故。没有人创办社会上的公共事业，既不造船，又不修桥，除一人一家的孤立生活之外，全都听任自然，在生死居住的土地上不留下一点痕迹。西

① 见《圣经·创世记》三·19。——校者

洋人说:“世上的人如果只求自己满足,安于小康,那么,今天的世界同洪荒时代的世界又有什么区别呢?”这句话是绝对正确的。固然满足也分两种,切勿混淆。如果得寸进尺,永远没有满足,就叫做“奢望”或“野心”。但如充分进行脑力或体力劳动,而不能达到应该达到的目的,便是“愚蠢”。

第二,人性最喜群居,不能孤立独处。只是和父子、夫妇共同生活,尚不能感到满足,还要同广大群众往来。交际越是广泛,越是感到幸福,这就是人类社会的起因。一个人既然活在世上,成为交际的一员,就有他应尽的义务。世上的学问,如工业、政治、法律等都是为着社会而设立的,若是人们互不往来,就什么也不必要了。政府所以制定法律,是想防治坏人,保护好人,以维护社会的安全;学者所以著书教人,是想启发后辈的智慧,以保持社会的进步。古时中国人说过:“治天下如同分肉,必须公平分配”;又说:“除去院里的草,不如扫除天下”。这都是旨在改进人类社会的名言。凡人苟有所得,都愿意对于社会有所贡献,这可以说是人之常情。也有人在无意之间为世间做些好事,让后世子孙深受其惠。正因人类具此性格,才能尽到社会的义务。如果古代没有此种人物,我们生在今天就得不到现代文明的好处。父母留下的遗产,不过是地上的财产,一旦消失便成泡影;而世上文明遗产,则系所有古人留给我们的遗产,其伟大之处,岂是地上的财产所能比拟?对于这种恩惠,现在我们找不到称谢的对象,这就和人类生活所必需的日光和空气不必用金钱得到而十分贵重一样,享受的人只能称之为前辈古人之荫庇恩赐。

在开天辟地之初,人智未开,那时的情况恰似无知无识的初生幼儿，还未见知识的产生。比如用麦制造面粉，最初是用两块天然的石头将麦粒捣碎。其后经人改进，把两块石头磨成扁圆形，中心掘一小孔，在一块石头的孔中安装木制或金属制的轴，一块放在下面，把另一石块放在上面，再将下面石块的轴，装入上面石头的孔里，把麦粒放在两石之间，转动上面的石块，运用石头的重量来碾碎麦粒，就是磨子。这种磨子是由人推动的，以后逐渐改进磨形，并改用水车风车之力，最后又用蒸汽之力，日臻便利。世上无论何事都是这样向前推进的，昨天认为便利的，今天便觉笨拙，去年认为新颖的，今年便觉陈旧。试看西洋各国的进步情形，其各种各样的电气和蒸汽机器，没有不是日新月异竞相改进的。岂但有形的机器为然，在另一方面，人类的智慧愈开，则交际愈广，交际愈广，则人情愈和，因此就用国际公法来限制战争。同时经济之学日盛，政治商业之风一变，学校的制度，著作的体裁，政府的措施，和议院的会议，都愈改愈精，全无止境。试读西洋文明历史，从 1600 年到 1800 年的二百年间，其长足发展的情形，实足令人惊叹，简直令人想不到是一个国家的历史。若究其进步的根源，无非是古人的遗产，前辈的恩赐而已。

我们日本的文明最初来自中国和朝鲜，后经国人努力钻研琢磨，才达到近代的地步。西洋学说远在宝历[①]年间即流入日本。（参阅《兰学事始》[②]）晚近由于和外国开始往来，才盛行起来。教洋学，译洋书，人心趋向大变，从而改组政府，废除藩治，遂有今日

① 日本桃园天皇的年号，当公元 1751—1764 年。——译者

② 《兰学事始》是兰学家杉田玄白（1733—1817）的作品，书中叙述了洋学传入日本的情况。兰学，指荷兰的学术文化。——校者

之局，再次打开了文明之端，这也不能不说是古人的遗产，前辈的恩赐。

如上所述，自古以来，以身心之劳在社会上作成事业的有志之士，本来很多。就以现在的眼光来看，也不能说这些人是只满足于自己的丰衣足食的人。我认为这都是些重视为人处世的义务而志向高远的人。现在的学者从这些人物承受了文明的遗产，如能站在进步的前列，其进展是无止境的。再过数十年，到了以后的文明之世，必然会使后人像我们今天推崇古人一样敬仰我们的恩泽。所以生当今世，必须给后代子孙留下生动的事迹，责任非常重大，岂能以念几本教科书以后经商，做工，或充任小吏，每年收取几百圆的报酬，得以仰事俯畜，维持家人生计，就心满意足呢？似此虽不损害他人，但亦于人无益。此外建功立业要遇机会，机遇未至，有能力亦莫由施展，此种例子，古今都有不少。例如我们明明知道我的故里近邻中也有英俊的人才，固然用现在文明的眼光来批评这个人，或者可以指出其言行或方向有不少错误，但此系潮流使然，不是他个人之罪。其实他并不是没有能力，只是不幸生不逢时，以致满腹经纶一筹莫展，潦倒一生无补于世，真是遗憾。今则不然，如上所述，西洋学说逐渐盛行，终于推倒旧政权，废除藩治。我们不能把这种变动，只看成是战争的结果。须知文明的功用不能以一场战争而了结。所以这次变动不是战争所引起，而是文明所促成的人心的动荡。因此战争虽已于七年以前结束，其痕迹消失，而人心之动荡依然存在。一切事物必须有引导的力量才能推动。首倡学问之道，把天下人心导向高尚领域，目前尤为大好机会，所以逢此机会的人，即现在的学者应该为着社会的福利而努力。

第 十 篇

赠中津旧友(续前)

前篇曾将学问的旨趣分两类加以讨论。大意是说吾人不可只以一人一家的衣食为满足。因为人们生来就赋有比此更高的义务,那就是必须投入人类社会,并以成员之一的身份,努力为社会服务。

研究学问时立志必须远大。做饭,烧洗澡水是学问,议论天下大事也是学问,但解决一家的生活易,而筹措天下的经济难。大凡世间的事物,易得的不足为贵,物品之所以可贵是由于得来不易。而据我所知,现在的学者似有舍难就易之弊。在从前的封建时代,学者或有所得,但因社会上的机会似乎很有限,无法施展其所学,便不得不再求上进。这样的学风虽不甚好,而其勤于读书,力求学识渊博,诚非现在的人所能及。现在的学者则不然,他们可以边学边实地使用。例如当了三年洋学生,仅学到一些历史、物理书籍,就号称洋学教师,可以开设学校,又可以受聘充当教授,或担任政府官吏,获得大用。还有更容易的,就是念几本流行的翻译书,在社会上到处奔走,访听些国内外新闻,即进行投机,并且一登仕途,就摆起官架子来。如果这样的情况形成风气,那么世间的学问就绝对达不到高深的境界了。用轻视的笔调来形容学者虽非所宜,但如替这些人算一笔账，他们入学读书一年，所费不过百元，三年之间不过投下资本三百元，出校后一月就能获得六七十元的利益，这就是洋学生的生意经。至于那些道听途说，一知半解而做官的人，还不用花费三百元的本钱，则每月的薪金就成了纯利。社会上那里还有利益这样大的买卖呢？恐怕就是高利贷也要退避三舍了。原来物价的高低是根据社会需要的多寡而定的。现在从政府机关起，各方面都急于使用洋学生，因此他们很时行。当然我并不敢责备那些洋学生投机取巧，也不敢诽谤使用者方面的蠢笨，只是认为这些学生尚须艰苦忍耐三五年，认真努力求得实学，然后任事，才能有大的成就。只有这样，才能使日本全国的智德增进，也才能和西洋各国的文明争个短长。

现在的学者是为了什么目的而从事学问呢？不是说为了追求独立不羁的大义和恢复自由自主的权利吗？既然谈到自由独立，自然也必须考虑到其字义中包含的义务。所谓独立，不仅是居住一所房屋，衣食不仰赖别人而已，这只是内在的义务；进一步谈到外在的义务时，就应该无愧于身居日本的日本人这一名称，与国人共同努力，使国家获得自由独立的地位，才能说完全尽了内在外在的义务。所以只顾一家衣食的人，只能说是一家独立的家长，尚不能称为独立的日本人。

试看今天日本的形势，实在是徒有文明之名，而无文明之实；徒具文明的外形，而缺乏内在的精神。现在我国的海陆军能和西洋的军队交战吗？绝不能。现在我国的学术能教导西洋人吗？不但不能，反而向其学习唯恐不及。所以在外国有留学生，在国内有雇用的外籍教师，政府各部、局、学校以至于府县、港口，都雇用了外国人。甚或私立的公司和学校，在兴办新事业时，大多亦必首先雇用外国人，付给优厚的报酬，依赖他们。取彼之长，补我之短，虽系一般人的口头禅，但从现在的情况来看，好像我们只有短处，他们只有长处。自从我国打破了数百年来闭关自守的锁国状态，蓦然和文明人接触以来，其状况有似水火之不相容。为了调整这种关系，就雇用他们的人，或购买他们的物品，以应急需，而调节水火相克的矛盾。如系迫不得已，才仰赖他们一时的供给，自然不能就说是国家的失策。然而依赖外国货物，只图本国使用方便，究竟不是长久之计。如仅将此看作是一时权宜之计，聊以自慰，那么所谓一时权宜究竟要到什么时候才结束呢？如何才能掌握不须仰赖他人而能自给的方法呢？这个期望是很难实现的，只有静待我国现在学者们的成就，即除这些学者能设法供应本国需用的物资外，再没有其他方法。这就是学者们所担负的迫切责任。现在我国雇用的外国人，可以说是我国未成熟的学者们的代理人；现在我国购买外货，是由于我国工业幼稚，所以暂以金钱换来，以便使用。为了雇用外人和购买外货而花费金钱，是由于我国学术尚不如外人，这使日本的财富流于外国，实在可惜，对学者来说也是可耻的。

一个人对于前途必须抱有希望，如对前途无望，社会上就没有努力工作的人了。预想明天的幸福，能安慰今天的不幸；为了来年的快乐，才忍受今年的痛苦。从前世事都受制于旧的规范，有志之士也没有可以期望的目的。今则不然，由于限制的消除，恰似替学者开辟了新的世界，达到可以担负天下任何事业的地位。诸如务农、经商、治学、为官、著书、办报、讲法律、学艺术、创办工业、开设议院等等，百般事业，都可进行。这些事业的成就，不是在国内与兄弟阋墙，而是和外国人作智力竞争。这一智战的胜利可以提高我国的地位，反之就会降低，因此可以说希望很大，目标亦甚明确。当然兴办的社会事业有先后缓急之别，但是国家所必不可缺的事业，则须依靠各人贡献所长，从现在就开始研究。如系通晓处世义务的人，决没有在这个时候袖手旁观之理，愿我辈学者奋勉之！

由此可见，现在的学者绝不可满足于普通的学校教育。学者的志趣要远大，要通晓科学的本质，要有独立不羁的精神，不要依赖他人。如无志同道合的朋友，就是单人匹马，也要养成担负国家兴亡重责的气魄，以献身于时代。我们对于只知治人而不知修身的日本国学家和汉学家根本没有好感。正因为如此，所以从本书第一篇起就主张人民权利平等，并力言人人各尽其责、自食其力的重要。但是仅只自食其力，还不能算是达成了学问的趣旨。比如这里有一个沉湎酒色、放荡无赖的子弟，要用什么方法来挽救他呢？要把他导入为人的正轨，必须首先禁止其酗酒，制止其冶游，然后使他从事相当的职业。在他没有戒绝酒色以前，还不足以谈到振兴家业。即令此人不沉湎酒色，也不能说他有道德，只算是于世无害的人，仍难免被称为无用的长物。如果他不仅戒绝酒色，并进而从事职业，能自养其身，有益于家庭，这才可以说他是个普通的青年。此即自食其力之说。

我国士族以上的人，溺于千百年来的旧习，不知衣食为何物，也不懂致富的由来，傲然认为不劳而食是他的天然权利，这就和沉湎酒色，忘乎所以的人一样。这时对于这些人，只有提倡自食其力之说以惊醒其迷梦，除此再无别法，又岂能劝他们探求高尚的学问和恪守有益于世的大义呢？如果这样劝导他们，那就等于梦中上学，他们的学问也就是梦中之梦了。这就是我们专门主张自食其力，并不劝他们研究真正学问的缘由；所以这只是普遍地忠告尸位素餐之辈，并非晓谕学者之言。

最近听说中津旧友中间有早在就学期间就讲谋生之道的。固然轻视生计是错误的，而人的才智也有长短，并且考虑个人前途亦属必要，但如互相效尤，势必争谋生计，则恐英俊青年不能成器。为其本人计固属可悲，为国家社会计也是可惜的。谋生虽然困难，但为一家的生活打算，与其很早就挣钱使用以求小康，却不如勤学节约以待大成，这样学问亦可期渊博。所以务农就要务大农；经商就要经巨商；学者不要贪图小康，而须不怕粗衣淡食和寒暑之苦，不怕碾米采薪之劳。人们可以一面碾米一面求学，人的食物，并不限于西餐，吃麦饭，喝豆酱汤，也是可以学习文明事物的。

第十一篇

论名分产生伪君子

在第八篇里，已经举例说明了上下尊卑的名分在夫妇父母子女之间所发生的流弊，并指出还有很多害处。考察名分的由来，形式上虽无异于用强大的力量制服弱小的人，但归根结底，并不一定出自恶念，而是把社会上的人，都认做是愚昧而善良的人，想要加以挽救，施以诱导，并予以教诲或帮助，使他们一切唯尊长的命令是从，虽微小的事情，也不让他们提出自己的意见，只凭尊长的意志任意安排。这样一国的政事，一村的管理，商店的经营和家务的操持，都能收上下一心之效。其主旨好像是把社会上人与人的关系，都当成父母子女之间的关系一样。

对待十岁前后的儿童，本来不能让他提出自己的意见，一般地都是按照父母的意思，给予衣食。儿童只要不违背父母的话，听从指点，那么天冷的时候便会及时准备好棉衣，饥饿的时候就会准备好饮食。他们的衣食，仿佛是从天上掉下来的一样，想要什么的时候就有什么，自由自在地安然在家里生活着。父母爱子，有如爱护自己的身体，一面加以教育，一面也予以奖励或申斥，但无一不出自真正的爱情。父母子女宛如一体，其乐无比，这就是父母子女之间的关系，上下的名分也就在其间很自然的建立起来。不过社会上主张名分的人，往往想把父母子女之间的关系，生搬硬套地运用到社会上去，虽似独具匠心，但极大的错误也就产生在这里。殊不知上述父母和子女之间的关系，仅能在智力成熟的亲生父母和十岁左右的亲生子女之间实行，至于对他人的儿童，则难于适用。就是亲生子女，等他过了二十岁以后也不能不逐渐改变方针。何况是年岁既长，已经成为大人的一般人之间，更无应用同样方式之理，否则就会事与愿违。

现在不论是一个国家、一个村子、一个政府或一个公司，凡是可以名之为人类关系的，都是成人和成人的结合，陌生人和陌生人的交往。要想在这种结合交往上，应用亲生父母子女的方式，岂不很难？可是纵然实际实行很难，而心中想象可能顺利实行的人，依然想把他所想象的办法付诸实施。这也不失为人之常情，而这也就是世间名分之所由产生和专制之所以盛行的原因。因此我们可以说名分的本源并非恶念,而系某些人凭着想象而勉强制造出来的。

在亚洲各国,称国君为民之父母,称人民为臣子或赤子,称政府的工作为牧民之职,在中国有时称地方官为某州之牧。这个牧字,若照饲养兽类的意思解释,便是把一州的人民当作牛羊看待。把这个名称公然标榜出来,真是无礼已极。似此视人民如孩童,或把人民当牛羊,如前所述,其最初的本意并不坏,而系按照亲生父母之养育亲生子女,首先认定国君为圣明,而举贤良方正之士为辅,其间无丝毫私心,无半点私欲,其清如水,其直如矢,推己之心及人。抚民以爱护为主,饥馑则给予粮食,遭到火灾则予以扶助救济,使他们能过丰衣足食的安乐生活。国君的德化有如南风的熏陶,人民的景从则如草木之披靡,其柔顺如棉,其浑沌如木石,上下一体,以实现歌舞升平之治世,真像是一幅极乐世界的图画。但如进一步考察事实,即知政府和人民本来不是骨肉至亲,实际只是一种陌生人与陌生人的交往。在陌生人相交往的情况下,情谊是不能起作用的,必须制定法规契约一类的东西,互相遵守,毫厘必争,反而能使双方圆满相处。这就是国法的起源。再进一步来说,以上所说的圣明之君,贤良之士和柔顺的人民,只是一种愿望,可是究竟哪种学校才能培养出符合愿望的尽美尽善的圣君贤臣,哪种教育才能造成这样善良的人民呢?中国自周朝以来,即曾不断为此焦思苦虑,可是直到如今,连一次符合愿望的治世也没有出现。其多次的结局,往往和今日遭受外国人的压迫一样。这也是因为那些并非神明的圣贤不明白这个道理而“有病乱投医”,妄施小惠

以充仁政。其所谓仁政含有强迫性质，企图强使人民“叨沐圣恩”，结果“圣恩”一变而为骚扰，仁政一变而为苛政，怎么还想要人来歌颂太平呢？如果真想歌颂，恐怕只有自己独唱，无人奉和，其谋划之迂阔，可怜亦复可笑。

这种风气，不限于政府，就是商店、学校和神社寺院之中，也同样有这种现象。今举一例来说：商店里面，店主是最熟悉店务的，掌握总账的唯有店主一人。店中虽有各级店员担任各种职务，但各级店员并不明了买卖的全部情况，完全听任店主一人布置：工资任其安排，工作听其分配，买卖的盈亏从总账上也看不出，唯有早晚窥视店主的脸色，才能略知一二。店主面现笑容，即可推知买卖得手，店主愁眉深锁，即可断定生意亏损，此外便没有什么要担心的事情。其唯一关心的事，就是想在自己管理的账目上，用笔玩弄不可告人的勾当。哪怕店主像猫头鹰似地监视着，也不能如所想象的那样周到。他一心以为店员是循规蹈矩的人，直到发现了亏空，或者店员突然死去，查出篡改了账目，有了大漏洞，这才叹息其不可靠。其实并不是人不可靠，而是专制思想之不可靠。店主和店员之间的关系无异于其他的陌生人，而店主在盈余分配上并未给店员以适当许诺，待他如对待小孩一样，实在不能不说是店主的失算了。

如上所述，由于极力维持上下尊卑的名分，一意倡导虚名，以实施专制，毒害所及，遂形成人间社会所流行的欺诈权术。得了这种病的人就叫做伪君子。比如封建时代诸侯的家臣，表面上都装成忠臣的模样，看他的外表，好像是在恪遵君臣上下的名分，其行为举止也像是奉公守法一丝不苟。主君死后，就去守灵；主君生子时，就穿着一身礼服去拜贺。他如新年的祝贺，家庙的参拜，也从无人缺席。他们的口头禅是“贫者士之常，尽忠报国”、“食其禄者死其事”，振振有词，仿佛马上就准备为君效死，因此一般人很容易受到他们的欺骗。可是从另一方面来看，他们就是上面所述的伪君子。在诸侯的家臣之中，如果真有忠于职守的人存在，他们的家里就不会积累财富，因为家禄和薪金都有一定的数目，除此之外便没有取得分文银钱的道理。可是事实上并不是这样，他们在收支相抵后颇有富余，岂非怪事？并且不论是宦途所得也罢，贿赂也罢，总不外乎是抢夺主人的东西。最明显的例子就是监工人员向工匠要求分成，理财人员向往来的商人索取礼物，这些事情，在三百诸侯[①]的家里习以为常，已成惯例。声言决心为主人效死的忠臣义士，竟在经办采购事务时抽头自肥，成何事体？这可以叫做镀金的伪君子。如有少数正直人员没有受贿的坏名声，就算得是史无前例的名臣，在一藩之中博得好评，其实也不过是一个不偷钱的人。人无盗心，并不是什么值得表扬的事，只是在伪君子集团之中有了和普通人一样的人夹杂其间便觉得特别引人注目而已。伪君子之所以多，是由于古人妄想把世上的人都看成是好人，容易驾御，其弊害发展为专制压迫，终致饲犬咬了自己的手。所以我再三地说社会上最不可靠的是名分，流毒最大的是专制压迫，岂不可怕？

也许有人会说，这样列举人民不忠实的恶例，实在漫无边际，何况并非人尽如此；而且日本素称仁义之邦，自古以来义士之为主

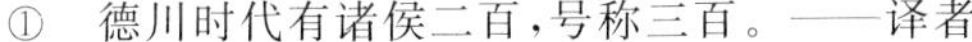

① 德川时代有诸侯二百，号称三百。——译者

捐躯者甚多。但是我认为：诚然古来不是没有仁义之士，唯其数极少，不值得拿出来说。

在元禄年间[①]，义气的发扬可以说是盛极一时的。在封禄七万石的赤穗藩里有过义士四十七人。封禄七万石的领域大约有七万人口，如果在七万人口之中仅有义士四十七人，那么在七百万人之中就只有四千七百人。加之人们常说，物换星移人情逐渐浇薄，义气也就日益衰退，想必是不错的。若是从元禄年间到今天，人的义气减少了三成，剩下七成，那么七百万人之中就只有义士三千二百九十人。假定现在日本的人口为三千万，则义士仅有一万四千一百人。以如此有限的人数来保卫日本国家，岂足胜任？就是三岁的孩子也可以算得出来。

根据以上的议论，可知名分之论已经完全破产，但为慎重起见，还要再加补充说明一下。所谓名分，乃是指虚饰的名义而言。既为虚名，则上下尊卑都成了无用的东西。若把虚饰的名义和实际的职分互易其位，那么只要恪守职分，名分也不碍事了。换句话说，就是把政府看作是一国的账房，有支配人民的职分。把人民看成是一国的财东，有供给国用的职分。文官的职分是议定政治法制，武官的职分是服从命令，效命疆场。此外学者和商人也都有其一定的职分。可是一知半解平步青云的人，听了名分无用的说法，很快地就连自己的职分也忘掉了。他们在民间破坏政府的法纪，用政府的命令干涉民营产业。军队干预政治，擅自兴兵，文官处于武官威力之下，只好任其摆布。果真如此，则国将大乱。不彻底了

① 元禄是日本东山天皇的年号，当公元1688—1703年。——译者

解自由自主的真实意义，违法乱纪的骚乱必因之而起。总之名分和职分，文字相似而其旨趣完全不同，学者切勿误解。

第十二篇

论提倡演说

演说一语，英文叫作“Speech”，就是集合许多人讲话，即席把自己的思想传达给他们听的一种方法。我国自古没有听说有过这种方法，只有寺院里的说法和演说差不多。在西洋各国，演说极为盛行，上自政府的议院、学者的集会、商人的公司、市民的集聚，下至冠婚丧祭、开店开业等琐细的事情，只要有十个人以上集合在一起，就一定有人说明集会的主旨，或发表个人生平的见解，或叙述当时的感想，养成当众发表意见的风气。这种方法的重要性，实已无待赘言。例如现在世界上有所谓议院之说，议院开会时，如不先有讲演的方法，则虽有议院，也不能起到什么作用。

用演说的方式说明事物，其重要与否姑不置论，现在且只指出一点，即口头叙事会让人自然产生兴趣的。比如用文章叙述出来不大使人感兴趣的事情，一旦改用语言说出，则不但容易了解，而且感人至深，古今有名的诗歌都属于此类。若把这些著名诗歌译成普通文章，便觉索然无味。但如按照诗歌的方法，具备诗歌的体裁，便觉兴趣盎然，使人心受到感动。因此把一个人的意见传达给众人，其快慢程度与传达的方式方法大有关系。

为学不限于读书，这是人所共知的事情，实已无待赘言。学问的要诀，在于活用，不能活用的学问，便等于无学。从前有这样一个故事：一个朱子学派的书生，在江户[1]钻研多年，把朱子学派各大家的学说抄写成本，昼夜不息，几年之间抄了几百卷，自以为学业成就，可以返回故乡。他自己走东海道，把抄写的书放在箱里，托绕道航行的船装运，不幸船在远州洋面出事。由于遭此灾难，书生自身虽然返回家乡，可是学问则尽沉海底。这时候他的身心已经一无所有，恢复所谓"空无一物"的原状，其愚昧正与以前无异。现在的洋学家，也不是没有这种毛病，试到现在都市的学校里去看一看他们那种读书和讨论问题的情况，似乎也不能不称他们是学者。但如一旦收回他们的原书，让他们到乡村里去，恐怕他们在遇到亲戚朋友的时候，就会说出"我的学问存放在东京了"这种奇谈吧。

由于上述原因，所以说学问的本旨不限于读书，而在于精神的活动。要想灵活进行这种活动，付诸实践，就非下种种工夫不可。"observation"一语，是观察事物的意思。"reasoning"一语是研讨事物的道理，并加上自己的见解的意思。只此二者，还不能说是已尽为学之能事。此外尚须博览群书，著书立说，与人交谈，或发表意见。要用尽以上各种方法，才能算是致力学问的人。换句话说，就是借观察、研讨、读书等方法搜集知识，借谈话交换知识，并以著书和演说为传播知识的方法。不过在以上各种方法之中，有的只

① 明治维新以前东京的旧名。——译者

要一个人即能办到。至于谈话演说,则非借助于多数人不可,演说会的重要便可想而知了。

现在我国人民最可忧虑的事情,莫过于见识太低,指导他们提高,当然是现今学者的职责。只要认清了指导的方法,便不可不尽力从事。可是明明知道谈话演说在治学上的重要性,却没有人肯实行,这究竟是什么道理?那只是由于学者们的懒惰罢了。人世间的事情,原有内外两面的区别。正因为事有两面,所以非双管齐下,全面发展不可。现在有很多学者,只在内部一方面下工夫,而对外界的事物不甚了了。这一点不可不加思考。殊不知必须做到内心沉潜如深渊,待人接物活泼如飞鸟,律己严谨不苟,待人豁达无边,才能称得起是真正的学者。

论人的品行必须高尚

前节已经指出现在我国最可忧虑的事情是人民的见识不高。人的见识品行之高低,不能专凭谈论玄妙的理论来衡量。如禅家有所谓悟道之说,其理论玄妙无稽,看了僧侣们的行为更觉迂远而不切实用,事实上等于毫无见识。

再者,人的见识、品行之高低又不能专凭见闻渊博与否来判定,有的人读万卷书并与天下人交往却没有自己的一定见解。如墨守成规的汉儒学家就是这样。不但是儒学家,就是西洋学家也不免有这种毛病。现在有志于日新月异的西洋学问的人,或读经济书,或讲修身,或学哲学,或习科学,把精神日夜寄托在学问上,其辛勤钻研之苦,有似古人之刺股悬梁。但如果涉及他个人的情况，却会发现并非如是。这种人眼里看着经济书，却不会经管自己的家产；口讲修身，却不知提高个人的道德修养。把他们的言行比较一下，完全和两个人一样，更看不到他们有一定的见识。

这一类的学者，他们口里讲的和眼里所见的事情虽然不能说是不对，可是把事物的“是”当作“是”的心情，和把“是”当作“是”而加以实行的心情，完全是两回事。这两种心情，有时并行不悖，有时分道扬镳，俗语所说“当医生不会养生”和“读论语不懂论语”，说的就是这个意思。因此我们可以肯定地说，人的见识品行之高，不在于空谈玄理，也不能只凭见闻渊博。

那么究竟要用什么方法才能提高人的见识，从而提高品行呢？其要诀只有一个，就是把事物的情况进行分析比较，力争向上，不要自满自足。不过这里所说的事物情况的比较，不单是一事一物的比较，而是把此一事物的全面情况和另一事物的全面情况排列起来，权衡双方的得失，毫无保留地进行观察。例如现在的青年学生，如果没有沉溺酒色的坏名声，并能谨慎用功，便不会受到父兄尊长的责备，甚至会表现出得意的神情。可是这种得意的表现，不过是和其他无赖学生比较的结果。学生谨慎用功，乃人之常情，不值得特别表扬。人生的目标本应有更高的要求。如果遍数古今人物，与某人比较，仅能与其功绩相等，便不能认为满足，必须向更高明的人物看齐。比如我有一件拿手的事情而他有两件，那么我便不能安于一得。何况要在后来居上的原则下，立志做个旷古空前、无与伦比的人呢？可以说现在人的职责，是十分重大。可是若仅根据谨慎用功一事来断定人生的前途，那就太缺乏考虑了。本来沉溺于酒色的人，只能说是一种不寻常的怪物。若与此怪物相比，而自鸣得意的话，那就好比仅具双眼即洋洋自得地向瞎子夸耀一样，适足表现其愚蠢。因此好作酒色之谈的人，不论他是言语中肯，或者论是说非，总而言之，不外是一个下流的论客，人的品行稍臻上流，就不会再说这种低贱的话，否则纵然议论风生，也不过惹人讨厌罢了。

现在日本人评论学校，不是说这个学校校风如何，便是说那个学塾管理如何。世间作父兄的人，专门关心校风管理之事。可是所谓校风管理，究竟是指哪些事情呢？如果是指校规森严，为着防止学生的放荡无赖而实施周到的管理而言，那就不但不是研究学问之处的好事，还可以说是一种耻辱。西洋各国的校风绝不能算好，甚或发生不堪入目之事，但在评论他们的学校时却没有听说仅凭校风之纯正与管理之严密即获得名誉，而学校的名誉仅在于学科的进步，教法的精良，人物品质的高尚和议论的不平凡等。因此我认为主办学校的人，不要将现在在校学习的学生和其他不良的学校相比较，而须参照世界的高水平的学校，来判定其是非得失。校风好和管理严密，虽不失为学校优点之一，可是这种优点正是学校中最不足挂齿的部分，毫不足夸。如果要想和高水平学校相较，就应在别的地方加倍努力，所以谈论所谓管理是学校的当务之急时，绝不能因管理周密而感到满足。

就一国的情形来说，也是这样。例如现在有一个政府，擢用贤良方正之士管理政务，体察人民的苦乐而采取适当的措施。信赏必罚，恩威并行，万民欢乐，歌颂太平，这似乎是值得夸耀的。可是所谓赏罚，所谓恩威，所谓万民，所谓太平，都不过是一国内部的事，一个或几个人的意识里面所形成的概念。因此其所谓得失，也只是和本国前一时代或其他坏政府相较，绝非将全国所有情况，和其他国家从头到尾详细比较的结果。若将全国视为一个整体，来和其他文明国家对照，考察双方在数十年间所有设施的得失，而适当地取长补短，再据实际所见而论其损益，那么他们所夸耀的事情就绝不足以夸耀了。

举例来说，印度立国不能说不古，其文化的发展远在西历纪元几千年以前，其理论的精湛玄妙，即与现在西洋各国的哲学相比，恐亦毫无逊色。又如从前的土耳其政府，也曾盛极一时，礼乐征伐之法，无不完备；国君贤明，朝臣忠正；其人口的众多，士兵的英勇，在当时邻近诸国中，更是独树一帜，因此一时名震四方。所有对印度和土耳其的评论，无不说印度是有名的文化古国，土耳其是勇武的大国。可是现在这两国的实际情形，已经大不如前。印度沦为英国的领地，人民无异于英国的奴隶。印度人的职业是种植鸦片来毒害中国人，而让英国商人贩卖鸦片获利。土耳其政府虽然名为独立，而商业大权掌握在英法人手里。因为自由贸易的关系，本国的物产日益衰微，无人织布，无人制造机器，因此人民不是挥汗耕田，便是游手好闲，虚度岁月。一切制成品都仰赖英法输入，国家经济无法治理，即使一向以英勇著称的士兵，也受穷困的影响失去作用。

以上所述印度之文和土耳其之武，虽曾赫赫一时，但都不曾对其国家的文明有所贡献，这是什么缘故呢？就是因为人民所看到的仅限国内的事，满足于本国的现状，并将其一部分情况与他国相较，以为不相上下，即自欺欺人，议论和同伙的见识都停留在这种地步，不知胜败荣辱须指全局而言，因而万民歌颂太平，或做兄弟

阋墙之争，结果于不知不觉之中遭受外商权势的压迫，直至国破家亡而后已。试观外商所到之处，在亚洲已是所向无敌，诚属可怕。若对这个劲敌感觉威胁，而又羡慕该国的文明，则须将内外情势详加比较，并为国家前途而奋斗。

第 十 三 篇

论怨尤之害

世间不道德的事虽然很多，但是对于人们的交往有大害的只有怨尤。像贪吝、奢侈、诽谤这一类的事，固然都是很明显的不道德行为。可是仔细思考，这些行为的本质并非完全不好，有时由于运用的场合，程度的强弱和进行的角度，就能免于不道德之名。比如爱财无餍称为贪吝。但爱财是人的天性，为了充分满足这一天性，就不能责怪他。惟有贪得分外之财，即求之不得其所，爱财逾乎常轨，出乎情理之外，或昧于求财之方，违背了情理的时候，才可以说是贪吝不道德。所以不能看了爱财的内心活动就马上给它下一个不道德的评语。在德与不道德之间的界限上有一定的道理。在界限以内的叫做节俭，又叫经济，应当是社会上值得倡导的一项美德。

奢侈也是这样，只能依凭是否与身份相称这点来判定德与不道德。喜欢穿轻暖的衣服和住好房子，都是人之常情，合乎自然的道理来满足需要，怎能说是不道德呢？财积当散，不逾常理的散财行为，就可以说是人间的美事。

诽谤和辩驳也是很不容易区别的。诬蔑别人叫做诽谤；发表自己所认定的真理以解除别人的疑惑，就叫作辩驳。所以在社会上尚未发现真正的公道以前，还不能断定人们的议论什么是“是”，什么是“非”。在是非未定的期间，虽可将社会的舆论作为公道，但欲明悉舆论所在也很不容易。所以不能一见诽谤别人的人就马上说他不道德。要想区别它到底是诽谤还是真的辩驳，就必须首先寻求世间的公道。

此外如骄傲和勇敢、粗野和率真、固陋和踏实、轻薄和敏慧等，都是相对的，要由运用的场合，程度的强弱和进行的角度来区分德与无德。如果行为的本质完全是不道德的，不管它的场合角度如何，都可以认为是最不好的行为，那就只有怨望了。怨望是行为的阴暗面，而不是进取的。自己由于其他的情况而感到不满，却不反求诸己，而对他人多方苛求，以解慰自己的不满。这种手段，对于自己未必有益，对于他人却是有损的。如在比较别人的幸运和自己的不幸以后，并不省察自己不足之处，设法弥补，却想使别人陷于不幸，使别人的情况恶化，以求与我一致。这就是所谓“恶之欲其死”的行为。这种人为了弥补自己的不幸而损害社会一般人的幸福，实在是一点益处都没有的。

有人说欺诈或说谎这类坏事的实质也不好，与怨尤相比并无轻重之别。我想这句话虽似有理，但如就事件的原因和结果来说，却不能说它们本身之间没有轻重之别。欺诈和说谎固然是大坏事，但非产生怨尤的原因，而多半是由怨尤而产生的结果。怨尤恰如"众恶之母",因为有它,才产生世间的一切坏事。如猜疑、嫉妒、恐怖、卑怯之类都是由怨尤而生。从它的隐匿形态来看,就是私言密语,阴谋诡计;如一旦爆发出来,便成为朋党暗杀、暴动内乱,不但对于国家丝毫无益,且如祸乱波及全国,大家还不免受害,真是所谓牺牲公利以逞私忿。

怨尤对于人与人间的关系就是这样有害。今试追溯它的根源,就只是一个"穷"字。但这并不是指困穷、贫穷的穷,而是指堵塞人的言路,妨害人的活动那种行为,使人类的本能活动陷于穷迫。若是把贫穷、困穷当作是怨尤的原因,那么天下的穷人都要申诉不满,富贵的人就成了"众怨之府",人与人间的关系就一天也不能保持了。不过事实上绝不是这样的。无论怎样贫贱的人,如果明白自己所以贫贱的原因,即如了解贫贱的原因在于自己本身,就绝不会盲目地怨恨别人了。现在我们不必列举例证,只要看看现在世界上确有贫富贵贱的差别,却能很好地保持社会上人与人间的关系,就可以明白了。所以说富贵并不是众怨之府,贫贱也不是不平之源。

由此想来,怨尤并不是由贫贱产生的,只是人的本能活动遭到束缚,处于祸福不能自主的偶然地位之人才易于发生。从前孔子曾经叹息过女子与小人很难对付。现在想来,这可以说是孔子从他自己的体验而指出的弊害。若就人的心性来说,男子和女子并没有差别。再者,他所说的小人指的就是奴仆,但奴仆并不是天生下来就是奴仆。而奴仆与贵人的天生性格并没有什么不同。那么为什么单说女子和小人难于对付呢?这是因为经常对人民灌输卑屈的意识,束缚弱小的妇女和奴仆,使他们丝毫不能自由行动,就形成了怨尤的风气，发展到了极点，就连孔夫子也不得不为之叹息。本来如果行动不得自由，就一定会怨尤别人，这是人的本性。这种明显的因果关系，就好像种瓜得瓜种豆得豆一样。但是被称为圣人的孔夫子，不知道这种道理，又不从别方面研究，而徒作此不明智的叹息，实在令人难以置信。不过孔子的时代距我们明治年间已有两千多年。在没有开化的时期，如果想要顺应那个时代的风俗人情来施行教化，以维持当时社会的人心，就不能不采用束缚式的权宜方法。即令孔子真是圣人，有洞察万世以后的远见卓识，而在当时运用这种权宜方法也不会于心不安的。所以后世学孔子的人，也不可不考虑时代这一要素而来决定取舍。要是有人想把两千多年前的教条原封不动地搬到明治时代来施行，那就是不识时务了。

兹再举一个身边的例子，即日本封建时代许多诸侯的侍女的情形，最能说明怨尤的流行有害于社会上人与人之间的关系。一般地说，在当时的诸侯府里，是一群无学无识的妇女侍奉一个无智无德的主人，勤劳不赏，懒惰不罚；有进谏而被斥骂的，有不进谏而被斥骂的；说话也好，不说话也好；欺诈也不好，不欺诈也不好，一天到晚，只是随机应变，以图侥幸获得主人的宠爱。这种情况就如无的放矢，射中的不算巧，不中的也不算拙，可以说是和人世外的另一天下一样。生活在这种环境里的人，喜怒哀乐的心情一定会变质，而与其他的人间世界不同。即使她们中间偶然产生出人头地的人，别人也不学习其出人头地的方法，只有羡慕之心，羡慕之极就发生嫉妒。因此成天忙着嫉妒同辈，怨恨主人，那里有工夫去考虑主人家的恩情？在她们之间，忠信节义不过是门面话，实际是席子上撒了油,没人看见的地方就弃置不擦拭,甚至在主人病到危急的时候,还有很多人想起平日互相嫉视的情形,而不去照顾主人的病。更进一步,由于怨尤嫉妒到了极点,就是毒害主人的传闻也并不少。如果将古来有关的这种大坏事加以统计,又如将诸侯府中发生的数目和一般社会中发生的数目相比较,一定是诸侯府中所发生的坏事多些,这是可以断言的。怨尤的为祸岂不是很可怕吗?

看了上述诸侯的侍女这个例子,就可以推知一般的社会情形。人世间最大的祸害是怨尤,而怨尤的根源是“穷”,因此不可不广开言路,也不可妨害人的活动。试将英美各国的情况和日本的情况相比较,在人的社会关系这点上,如果有人问究竟是哪一方面摆脱了诸侯府中的那种情况,我们就会这样答复:今天日本的情况虽不能说是与幕藩时代完全一样,但如就两者之间的距离来说,则日本的情况是较近于幕藩时代,而英美诸国却是比较远的。英美人并不是不贪吝骄奢,也并不是不粗野暴乱,而且也有欺诈行为,其风俗绝不能说是尽善尽美。只是在暗藏怨尤之情这一方面,却和日本有不同之处。现在的有识者主张成立民选议会、要求出版自由,其得失姑置不论。这种主张的动机,不外乎是这些有识者认为,不能使现代的日本国家像过去的诸侯府中那样,不能使今天的日本人民像过去诸侯的侍女,而欲变怨尤为积极行动,消灭嫉妒的心理,鼓励互相竞争的勇气,祸福毁誉全凭自己的力量来掌握,从而使全社会的人都认识自作自受的道理。

堵塞人民的言路,妨害人民的活动,乍听起来,好像只限于政府在政治上的一种弊病。其实这种弊病不一定只在政府方面流

行，在民间也有很大的流毒，所以仅有政治上的改革仍不能根除。兹就政府以外的情形再说几句，以附篇末。

本来人们都是喜好交际的，但因习惯关系，有时却反而厌恶交际。世间有孤僻成性的人，故意住在山村僻邑，躲避一切社会上的往来，这种人名为隐士。也有些人并不是真隐士，只是不愿和别人打交道，深居简出，力避尘俗，自命清高。试察这些人的本意，也不一定是因为嫌恶政府的措施而萌退志，只是意志薄弱消沉，没有接触事物的勇气，而又度量狭小不能容人。因为不能容人，也就不为人所容。人退一步，自己也退一步，彼此的距离越来越远，遂致视同异类，最后竟形成仇敌，互相怨尤，真可以说是社会上的一种大祸害了。

又在人们的交往中，还有并未见到对方的人，只看到对方所做的事，或由远方传闻对方的话，觉得与自己的意见稍有不合，就不但不发生同病相怜的感情，反而起了厌恶嫌忌的念头，而且多半是过分的。这也是天性和习惯使然。例如协商一件事情，靠传言和通信多不能解决问题，而一经面谈往往就圆满解决。又如经常传闻某人有什么说法，但当面一谈，却知完全不是那样。盖因人类至情中存有宽恕的心理，既能宽恕，即能互通情谊，怨尤妒忌的念头就会顿然消失。古今有不少暗杀的事例，我常常说：如果有适当的机会，使暗杀者和被杀的人共处几天，彼此毫不隐讳地吐诉真情，则无论怎样深的仇敌，不仅会互相和好，而且可能结成至好的朋友。

由此可见，堵塞言路与妨碍活动不只是政府的弊病，还普遍流行于全国人民之间，虽学者抑或难免。这说明若不接触事物，人一生的蓬勃朝气就难于发生。故言论应听其自由，活动应听其自由，富贵贫贱也只能听凭本人自行获取，不容许他人加以妨碍。

第十四篇

内心的检查

尝见人们处世，往往无意识地干了坏事，或者无意识地干了蠢事，还有的意外地遭到失败。无论怎样坏的人，都未必一生专想干坏事，但在处事接物之时，偶然产生恶念，虽明知其不可，但仍自圆其说，勉强自慰。或者当时并不认为是坏事，不仅丝毫无愧于心，而且一心一意相信是好事。如果有人提出异议，反而引起他的愤恨，经过相当年月反省之后，才知自己行为失当，感到惭愧。

人性虽有智愚强弱的不同，但不会有人认为人智不如禽兽。须知世间有种种不同的事业，必须加以分辨，选择承担适合于自己的工作。不过有很多人在进行工作当中，往往无意中发生错失，致违初衷，而被世人耻笑，自己也感到后悔。侧观世间有志建功立业而谋划失误的人，不禁捧腹窃笑其愚。但是谋划的人不一定是那样愚蠢，如经充分查明真相，即可知其并非全无道理。只因世事变化迅速，不易前知，所以虽属明智之人，也多意外地干了不明智的事。

又人们的计划经常是很大的，很难正确估计事业的大小难易和时日的长短。富兰克林说过:“就是充分考虑过的事,一旦付诸实施,还是会感觉考虑不够的。”这真是至理名言。例如吩咐木工盖房和向裁缝定做衣服,十之八九总是误期的。这并非木工裁缝故意不守信用,而是他们起先没有把工作和时间精确算妥,以至无心违约。世人往往责备违约的木工裁缝,也不是毫无理由,木工裁缝亦常表歉意。这些顾客似乎很明白事理,但是他们自己所保证的工作,是否能够按照期限完成不误呢?再如来自乡间的书生,立志历尝艰苦,期于三年之内完成学业,但究竟能否圆满达成其志愿呢?又如自负才高的人,搜求渴望已久的原版著作,期于三个月内把它读完,届时果能如愿办到吗?还有些有志之士,一再上书政府,力言他们如果参加政府就要如何如何,保证半年以内可以改变政府的面貌。可是等到他达到参与政事的志愿以后,也未必能全符初衷。另外又可能有个贫穷的书生会说:“我若有黄金万两,一定立刻在日本广设学校,绝不让一人失学。”但如遇到良好机会,做了三井、鸿池[①]的养子,却又不一定能够实践其言了。这类梦想,不胜枚举,都是由于未能精确计算事业的难易和时间的长短,即估计时日过宽,而把事情看得太容易之过。

又如听听社会上计划兴办事业的人的话,即可知在一生或十年之内完成事业的最多,在三年或一年之内完成事业的较少,在一月之内或者计划后即刻实行的则更少。可是我们还没有看到有谁确已完成十年前所订立的计划。他们谈到那样漫长久远的将来,好像计划得非常远大周密,但是期限逐渐迫近,竟有到了期限当天

① 日本财阀名。——译者

还不能详述其计划的。此种不妥当的事情，就是由于订立计划的时候未能精确计算时间的长短所致。

如上所述，在人一生之中，往往在道义的事情上意外地做了坏事，或在聪慧的事情上无意中作了蠢事，在事业上也可能遭到意外的失败。对于这种不如意的事情，固然有种种防止方法，但其中一项往往为人们所忽视的，即对于事业的成败得失，应经常在胸中妥为盘算，拿经商的话来说，就是盘货结算。

大凡经营商业，没有最初就打算亏本的。商人首先要顾到自己的才能和本钱，并洞察商情，才开始营业。以后随着商情的变化，或者如愿以偿，或者大失所望。又可能这批进货亏本，那批销售赚钱，在年终或月终结账时，也会发现或者按预料的情况顺利进展，或则相差甚大；又或在买卖繁忙时认为经营这种商品有利可图，及至看到盘货结账后所作出的损益对照表，才知与原来的估计相反，发生损失。又当进货的时候，或者认为数量不足，及至盘货结账时发现积压，而且销售颇费时日，于是又嫌进货过多了。可见经营商业中有一件重要的事，就是平日精细结账，并且要如期盘货结算。

其他的人事也是一样。由于人们从十岁左右懂事以后就开始进行活生生的买卖一般的活动，所以必须注意精密盘算平生的智德事业，力图避免损失，并且必须比照经商而计算以下各点：过去十年之间有何损失与收益，现在应作何种买卖及其兴盛情形如何，应该买进何种商品，在何时何地出售，年来律己是否严格，曾否给游荡懒惰的习气以可乘之隙，今后如果从事同样的业务，是否确有前途。此外尚有无其他裨益于智德的方法？如就上述事项逐一检查，像商人盘货清算那样作一总结，则在过去与现在的品德方面，必能发现很多不妥当的地方。兹举例说明如下。

从前有的人口头上说“贫者士之常，尽忠报国”，却贪婪地吃光农民生产的大米，而面有得意之色。时至今日，生活实际困难，却不知有输入的枪支而购进刀剑，结果为着博取一时小利，却因存货不能销售而后悔。又有人专门研究中日古籍，不管日新月异的西洋学术，过于信古不疑，这就像念念不忘过去的夏季盛况的商人，到了严冬来临，还买进大批蚊帐。还有些青年学生学问尚未成熟，便遽然求作小吏，以致一生沉沦于微职，就像把做成一半的衣服押在当铺里赎不出来一样。也有人尚未具备史地的基本知识，连写普通的信都感困难，却妄想阅读高深著作，开卷不到五六页，又改求他书，这就像手头并无资本就做起买卖来而又不时改变行业一样。又有人虽然读过许多中日两国与西洋的书籍，但不知天下国家的大势，不能解决个人与家庭的生活，这就像连算盘都没有购置，就经营起杂货生意来一样。还有只知治天下而不知修身的人，就像建议邻居算账，却不知盗贼已进入自己的家里。再如有人口头高唱进步而心中无底，不去考虑自己究竟是何种人物，就像仅知售品的名称而不知其价格。以上种种不合理的现象，现今社会上触目皆是。追溯其根源，就是由于人们与世浮沉，不注意自我检查，对于从前干过些什么，现在正干什么和今后应干什么自己均未加以检查所致。所以说为着了解商业经营的情况，树立今后的计划，就必须作账目的结算；为着了解本身的情况，建立今后的努力方向，则须作智德事业的检查。

“照顾”的字义

“照顾”一词有两种含义,一为保护,一为命令。所谓保护,即从傍帮助与维护他人,或予以金钱物品,或为别人花费时间,使其不丧失利益和名誉。而所谓命令,则系为他人着想,向其指示妥善方针,如对方认为不妥,即不惜向其提出异议,并竭尽心力所及进行忠告。这也是照顾的意思。

如上所述,照顾含有保护和指示两种含义。若是对于他人的照顾能够做得恰如其分,世间即可安定圆满。譬如父母对子女供给衣食,做到意味着保护性的照顾,子女也听从父母的话,接受指示,则亲子之间就会亲爱和好。又如政府制定法律,认真保护人民的生命、名誉和财产,谋求普遍的安全,做到保护性的照顾,人民也遵从政府的命令,接受指示,则公私之间就能安定融洽。

所以保护与命令既为两事,却又相依并存,不可丝毫加以混淆。保护所及,也即指示所达之处,而指示所达,又不能不是保护所及之所。如果两者所起的作用的程度有距离,则虽极微小,也会发生不协调的现象,成为祸害的根源,世间不乏其例。因为人们常常把照顾的字义弄错,有单独理解为保护的,也有仅只理解为指示的,偏于一方,未尽全义,以致铸成大错。

譬如无限制地拿钱给不听父母之言的堕落子弟,结果愈益助长其游乐放荡。这就是保护性的照顾做得周到,而没有做指示性的照顾。又如儿女虽然谨慎勤勉、听从父母的话,但父母不充分供给衣食,使其陷于失学文盲的苦境,则系仅有指示性的照顾,而忽略了保护性的照顾。前者是为子不孝，后者是为父不慈，都可以说是人间不幸之事。

古人曾有“朋友数，斯疏矣”[①]的教言。就是说对于不听规劝的朋友过分表示关怀，又不明了其心境，老是厚着脸皮提出异议，以致反而让对方感到厌烦，被对方憎恨轻侮，于事无补，结果反而落得疏远了。这说明指示性的照顾既行不通，保护性的照顾也就没有必要了。

又如从前曾有过乡下老汉，拿出旧的族谱来扰乱别人的家庭；还有过贫穷的叔父，唤出本族的侄子，指示其家事，谴责其薄情，痛斥其品性不端，甚至假借来历不明的先祖遗言，夺走侄家的私产。这种情况，是命令过多而保护全无，俗语所谓“照顾太甚”，即指此而言。

又如世间的所谓贫民救济，既不问其人的品德好坏，也不究其致贫的原因，只要看到贫穷的状况，就给予米钱。对于鳏寡孤独没有依靠的人，固应加以救助，但在领到五升救济米的人中，却难免有将其中三升换成酒喝掉的。既未下令禁酒，而漫然给米，就是未实行指示性的照顾，超过了保护的限度，俗语所谓“操劳过甚”，即指此而言。就是英国在救贫法中也对这一条感到为难。

若将此理推广到一国的政治上来谈，经常是人民以租税方式向政府交纳经费，政府用以保护一般人民生计。但在专制政治之下，政府全不采纳人民的建议，并且也无建议之所。这就是做到保护一方面，而堵塞了指示的道路。就人民方面来说，也可以说是“操劳过甚”。

---

① 见《论语·里仁篇》，意为“对待朋友，责备他，就会被疏远”。——校者

这类例子，实在不胜枚举。足见这个照顾的字义已成为经济上最重要的因素，人们在生计方面，不问职业的异同和事务的轻重，都须经常加以注意。或者有人会认为此种论点全系依凭算盘的计算，似乎失于刻薄。不知如将应该薄的地方勉强加厚，或者不顾其实之薄而欲厚其名，则反而有害人类的至情，使人们在往来中感到十分苦恼，那就可以说是沽名而失实了。

以上的论点固可成立，但犹恐世人误解，特再附加数言：修身之道并不完全与经济的法规并行不悖。因为个人的私德不完全影响天下的经济。例如将财物施舍给素昧平生的乞丐，或者一见贫穷可怜之人，不问其来历，就接济一些财物，这种施舍接济行为即为保护性的照顾，但这种照顾并未与指示性的照顾同时并行。如果缩小思考的领域，专就经济上的公平与否来看，则似有未妥，然而就个人私德来讲，则施惠之心最为可贵，应加嘉许。倘若天下有禁止乞丐之法，固属公明正大之举，但是人们私下将钱物施与乞丐的好意，也未可厚非。世间的事情不能用算盘来决定一切，而须严格区别可用与不可用的地方，这点十分重要。希望世之学者勿迷惑于经济上的公论而忽视了仁惠的私德。

第 十 五 篇

论怀疑事物与决定取舍

轻信易受欺骗，怀疑可致真理。何以见得？试看世间愚民，往往轻信人言和书信、小说、传闻；迷信神佛卜筮；父母如有大病，则信按摩之说，或服用草根树皮；女儿出嫁，则轻信阴阳先生的指点，致失佳婿；病不延医而求神拜佛；甚至有迷信不动明王[①]能镇压邪鬼而绝食丧身者。这些流行民间的风习，并没有什么真理，真理少则欺骗必多，但因一般人易于轻信，故受其迷惑，所以我说，轻信易受欺骗。

世界文明的进步，是由于人们钻研天地间的有形的物质和无形的人事两方面的动态而发现其真理所致。西方各国人民所以能达到今天的文明，追溯其根源，可以说都是从怀疑出发。例如，伽利略怀疑天文旧说而发现地动；伽伐尼[②]怀疑蛙腿的痉挛而阐明了动物电；牛顿见苹果落地而怀疑，就发现了地心引力；瓦特见壶水烧开产生蒸汽而怀疑，就发现了蒸汽的作用。可以说都是由怀疑而引起研究，才达到真理的。如将物质领域撇开，改就人事方面来考察，就可以知道其进步情况也是一样的。例如托马斯·克拉克森[③]反对奴隶买卖法律，也是由怀疑出发，结果为天下后世杜绝了人类的悲惨根源。马丁·路德怀疑罗马旧教，认为不合理，就进行了宗教改革。法国人民怀疑贵族的跋扈，就展开了革命运动。美国人民对英国成文法的束缚产生怀疑，起来反抗，终于走向了独立自主的道路。试看现代西方许多学者所以能够日新月异地创立学说，引导人们进入文明之域，其要领即在于大胆驳斥古人认为确

① 不动明王是佛教中降伏魑魅烦恼之神。——译者

② 伽伐尼(Galvani, Luigi, 1737—1789)，意大利解剖学家。——校者

③ 托马斯·克拉克森(Thomas Clarkson, 1760—1846)，英国的奴隶制废除论者。——校者

定不易的学说，对社会上一般不容怀疑的习惯也加以怀疑研究。例如今天一般人都认为男子主外，女子治内，好像是天经地义，但斯图亚特·穆勒的《妇女论》则主张打破这一万古不变的陋习。又如英国经济学者一向都主张自由贸易，相信这种主张的人认为这是世界普遍的法则，而美国经济学者则提倡保护贸易，建立了本国的经济学说。总之，一种议论产生，就有另一种学说来驳倒它，异说纷纭，不知其极。较之亚洲人民轻信虚妄之说，为巫蛊神佛所迷惑，一闻所谓圣贤之言即随声附和，万世之后还不敢逾越，与之相比，其品行之优劣，意志之勇怯，实不可同日而语。在异说纷纭中探求真理，好像逆风行船，船受风浪打击，时而向右，时而向左，虽航行了几十百海里海域，而直线路程不过前进三、五海里。航海有时还会碰到顺风，而在人事方面，却绝不会一帆风顺，要使社会进步，达到真理，只有通过不同学说争论的方式。而各种异说之所由产生，其根源即在于怀疑。所以我说：怀疑可致真理，就是这个道理。

虽说我们对于事物不可轻信，但如确系事实，亦不可轻加怀疑，即在怀疑之间，不可不善于辨别取舍，而学问要旨就在明辨此理。日本自开禁以来，人心趋向突然转变，从而改革政治制度，打倒贵族，开设学校，创办报刊，又使铁路、电讯、兵制、工业等百般事务改换了旧的面貌，都是因为对数千百年来的旧习惯发生怀疑，试行改革，才获得这样的成就。但如追究我国人民在思想上所以怀疑数千年来旧习的原因，可以说是由于海禁开放，与西方各国交通往来以后，看到他们的文明情况，信以为好，并起而仿效所致。因此怀疑旧习，并非自发的怀疑，不过以相信旧习之心，来相信新鲜事物，即从前信心在东，今日信心转向西方罢了。所以疑信取舍之间是否恰当是很难保证的。我们浅学寡闻，对于疑信取舍问题，未能一一提出讨论，深感内疚。但如考察世事变迁的大势与人心趋向，就可以显然看出人们不是流于轻信，就是过于怀疑，而未能信疑适度。兹特申述如下：

东西方人民风俗不同，思想感情自相悬殊，各国相沿的习惯已历数千百年之久，纵使利害十分明白，也不应骤然强搬硬套，何况利弊得失尚未彻底了解，如欲采用，更须深思熟虑，历经岁月，彻底明了之后，才能决定取舍。但观日本最近社会情形，不论中人以上的改革家，或自称文明开化的人士，开口即赞扬西方文明之美，一唱万和。举凡知识、道德之教，到政治、经济，以及衣食住等细枝末节，莫不羡慕西方风尚，争先仿效。甚至有些对于西方情形一知半解之人，也随波逐流，厌旧趋新，何其轻信不疑如此？纵使西方文明高出日本数倍，其文明也未必尽善尽美，其缺点亦不胜枚举。我们既不能相信西方风俗全是好的，也不能怀疑日本的习俗全是坏的。譬如有一青年倾慕某位学者，立志仿效，灵机一动，就购置书本文具，日夜伏案苦读，这固然是无可非议的好事。但因摹仿太过，甚至学他的深夜聊天、爱睡懒觉的习惯，以致损害健康，这岂是智者所为？这是由于那个青年只见学者博学而未察其行为好坏，盲目仿效，以致招来不幸。中国有一句成语"东施效颦"，就是说美人之颦自有风趣，故竭力仿效，这种行为虽属可笑，但还不足深责。若因所崇慕的学者有睡懒觉这种懒惰而不卫生的恶习，也加以仿效，岂不是更为可笑吗？而今日我国社会上却有很多所谓文明开化人士和这个青年不相上下。试将东西方的风俗习惯加以比较，

再来看所谓开化人士的评论是否合理？例如西方人每天洗澡，日本人每月只洗一两次，开化人士就评论说，文明人喜欢洗澡，促进皮肤的蒸发，是很卫生的，不文明的日本人却不明此理。又如日本人在卧室内放置尿瓶盛放小便，上厕所后又不洗手，但西方人虽在半夜也到厕所去，做事后一定洗手。评论者又说，文明人喜爱清洁，不文明的人不知道污秽是什么，和知识未发达的小孩不辨污秽或清洁一样，等到他们进入文明之域以后，终于会仿效西方的优美风俗的。再如西方人用纸拭鼻，用后抛弃，日本人用布代纸，洗过又用，评论者忽然灵机一动，把这种小事附会到经济学的大道理上说道：在贫穷的国家里，人民自然会知节省，倘使全日本的人民都像西洋人那样用纸拭鼻，就会浪费国家财产，所以用布代纸，洗过又用，可以说是由于国家贫穷而不得不实行节俭。这些人对于日本妇女耳戴金环，欢喜束腰和讲究衣饰，也抬出大道理来，皱眉蹙额地说：太严重了！不开化的人民不懂道理，违反自然，而且伤害身体，他们耳挂重荷，把妇女顶重要的腹部缚得像蜂腰一般，既妨碍妊娠，又增加了分娩的困难，小则祸延一家，大则妨害全国人口的增殖。又如西方人住宅内外很少用锁，旅行时雇工搬运行李，虽然没有上锁，也无被窃之忧；又如招请木工和泥瓦匠承包建筑，不订合同，仍能如期完成，很少发生纠葛诉讼。而日本人却须把每间房子关好，甚至身旁的手提箱亦须加锁，而且还会被窃；建筑包工均须订立书面合同，一字一句都要争执，虽记在纸上但仍多违约争讼之事。评论者又叹息说：珍贵的耶稣圣教！可怜的异教徒！日本人好像群盗杂居，万不能和西方各国的自由正直风气同日而语，认为在信仰耶稣圣教的西方国土里，真可以说是路不拾遗。再如

日本人直接吸卷烟，而西方人民则用烟嘴，他们便说日本人缺乏器械技术，连烟嘴也没有发明。假如日本人穿皮鞋，西方人穿木屐的话，他们便要说日本人不知道足趾作用之大。如果豆酱也是进口货的话，恐怕就不至于这样受人轻视。豆腐如能上西方人的餐桌的话，一定会抬高身价，至于烤鳗鱼串和蒸鸡蛋羹，如被西方人称为世界第一美味就会博得很高的评价。其他类似的事情实在不胜枚举。以下我们再进一步来讨论意义比较大的问题：

假设在四百年前西方产生了亲鸾上人[1]，日本出现了马丁·路德。亲鸾上人改革流行西方的佛教，推广净土真宗，而路德则在日本反对罗马旧教而推行新教，那么评论者一定会评论道：宗教以普度众生为主旨，不应杀戮人民，如果违反此旨，其余就一无可取。西方的亲鸾上人深体此旨，卧草枕石，历尽千辛万苦，竭尽毕生之力，终于改革了该国的宗教，到了今日全国人民大半受其感化，其教化之宏大如此。上人死后，他的门徒在宗教事务上既不杀戮异教之人，也不被杀，真可以说是专门以德化人。回顾日本情形则大不相同，日本的马丁路德出世之后，即反对罗马旧教，而旧教徒并不轻易服从，以致旧教如虎，新教如狼，虎狼相斗，流血成河，路德死后，为了宗教，他们杀害日本人民，浪费日本的财物，兴师灭国，其祸非文字言语所能形容。野蛮的日本人杀气腾腾，为了普度众生的宗教而致生灵涂炭；口称爱敌，而屠杀无辜同类。我们在今天试问其成效，真可以说路德的新教简直不可能使日本人民的半数受到感化。宗教对东西方人民造成的结果悬殊如此，我们怀疑了

---

① 亲鸾（1173—1262），日本净土真宗的开山祖师。——译者

很久，还不能找出其确切原因。细细思考可能是日本的耶稣教与西方的佛教其性质虽然相同，但在野蛮的国家里就会引起互相残杀，在文明的国家里自然会养成淳厚的风气；或者东方的耶稣教与西方的佛教本来就有本质上的区别；或者是日本的路德和西方的亲鸾上人这两位改革宗教的始祖品德有优劣之不同，由于我们见识浅陋，不敢臆断，只有留待后世博学之士来下结论。

然而现在的所谓改革家们，厌弃日本旧习，信仰西方事物，未免过于轻信轻疑，他们以对旧物的信心来信仰新物，但因过于羡慕西方文明，竟类乎东施效颦或竞仿效学者睡懒觉的恶习。甚至尚未找到可信的新事物，就抛弃原有的旧物，以致一身空空如也丧失安心立命的地位，竟至有人为之发狂，岂不可怜？（据医生说近来日本患神经病的和发狂的病人很多。）本来仰慕西洋文明，择其善者而效之是可以的，但如这样不加辨别地轻信，就还不如不信。例如西方国家富强，当然是值得羡慕的，但西方人民贫富不均之弊却不值得效法。又如日本赋税虽重，但如想到英国人民受地主虐待的痛苦，却反而感到日本农民的情况可喜可贺。再如西方诸国非常尊重妇女，虽然是人类世界的一件好事，但悍泼之妻凌辱丈夫，不孝之女看不起父母，行为放荡之习俗，就不值得赞赏了。今天日本流行的事物，究竟是否都是很好的呢？例如今日的商业公司法是否可行？政府的体制是否合理？教育制度是否良好？著作界的风气是否进步？我们研究学术的方法是否尽善尽美？仔细一想，不禁百疑丛生，几如暗中摸索。现在我们正处于混杂纷乱之中，必须把东方和西方的事物仔细比较一下，信其可信，疑其可疑，取其可取，舍其可舍。虽然疑信取舍得宜并非易事，而我辈学者责无旁

贷,却不可不以此自勉。我们认为空想不如致学,更须多读书刊,多接事物,平心静气,放开眼界,以求真理所在,自然会知何者应信,何者应疑。昨日所信,今日可能生疑,今日所疑,明日也许消释,一般学者不可不奋勉。

第十六篇

论保持本身的独立

近来世间常常听到“独立不羁”这一句话,而人们说这句话的涵义则各有不同,必须加以辨别。

独立分有形的和无形的两种,简略地说:一种是物质方面的独立,一种是精神方面的独立。它们是有区别的。

所谓物质方面的独立,就是世人自有财产,各务家业,不依靠别人的照顾,而能维持个人和家庭的生活。一言以蔽之,就是不在物质上求人帮助。

上述有形的独立看得见,很容易了解,至于无形的精神上的独立,则意味深长,牵涉广泛,看来似乎与独立之义无缘的事情上也具有这种含义。因此有许多人误解。兹以小事为例说明如下:

谚语说道:“一杯是人吃酒,三杯是酒吃人”。这就是说人们喝酒过度,就会迷失本性,丧失独立的主宰。今就世人的行为来看,迷惑本性的东西,不仅是酒,还有形形色色的事物。例如有人觉得这件衣服不大合适，就想另制一件外衣；接着又想买一个烟盒来配上衣服；衣服既已齐备，又嫌居宅狭小，起居不便，而设法盖一所房屋；房屋落成后不请一回客，好像不大体面；吃了煎烧鳗鱼还嫌味道不好，又要吃一顿西餐；吃了西餐之后又觉得最好再来一个金表。得寸进尺，漫无止境。就好像一家之内没有主人，一身之内没有主宰，这种人一心追求物质，为物质所支配，真可以说是受物质的奴役。

更有甚者，上述人们虽受物质支配，但因物品尚系自己所有，还不过是在个人和家庭范围里面受到奴役。有些人却被别人的物品奴役。例如看见别人穿这样的西装，自己就想照样做一套；看见邻家盖两层的楼房，自己也想盖一座三层的楼房；只要看见朋友们有一件好东西，自己就想照样购办；把人家的说法当作自己购书计划的腹案。又如黑脸莽汉，手指粗大如茧，却也带上金戒指，虽明知其不大合适，但想到这是西方风俗，就转了念头，不惜倾囊购办。又如酷暑傍晚，实在很想按照日本风俗，于浴后穿上浴衣，挥摇团扇来凉快凉快，但因一心只摹仿西洋人，不愿用扇，而忍受炎热，以致汗流如雨。这种人一心只想摹仿他人的嗜好，还不足责备，最可笑的是误认他人的嗜好。例如听说邻居的妻子穿绸衣和戴金簪，就沉不住气，连忙也去制办，后经仔细考查，始知邻居的衣服实系棉布所制，首饰也是镀金的，并非真金。因此，支配自己本心的既非自己的东西，也非他人的东西，而竟如身处五里雾中，为虚构的妄念所迷惑，也可以说是让个人和家庭任凭妄念摆布，心中失去主宰。这与所谓精神上的独立是有很大距离的。这个距离的远近，可由不同的情况推测而知。

像这样如在梦中度日，不但心身劳瘁，而且一年纵有千元收入，每月纵有百元工资，也会完全花光。不幸一旦家产收入之源断绝，或工薪无着，就只好没精打采，垂头丧气，此时家里只剩下无用的杂物，身上却染有奢侈的恶习。与其说这样的人可怜，不如说他是一个蠢材。建立家产的目的本来是为独立生活打下基础，不料虽然身心交瘁，却因处理失当，而受了家产的制驭，失去独立的精神，真所谓本欲求之反而失之。我们并非称颂守财奴，不过认为用钱应该得法，希望人们能制驭金钱而不为金钱所制，丝毫不要损害精神的独立罢了。

论思想和行动一致

议论与实行虽是两件事，但必须一致，这是一般人常说的话，但也只是一种议论，真能实行的究竟很少。所谓理论就是指心有所思，发之于言，笔之于书。在未发言和写出以前，只能说是思想或志愿，因此所谓议论就可以说是与外界事物尚未发生接触，存于内心，自由而不受限制的。至于实行则指心思表现于外，已与外物接触，采取了行动的。所以实行必然要受到限制，为环境制约而不能自由超越。古人区别这两种东西，或用言论与行为，或者说是志愿与成绩，现在一般人则简称言与行。

所谓“言行龃龉”就是指议论与实行不相一致；所谓“可使食功，不使食志”[①]，就是说“应根据实地的工作给予相应物品，至于

① 见《孟子·滕文公篇下》。——校者

其心何所思，既属无形，就难以对其心事作出赏赐。”人们常常说某人嘴很会讲，就是说他是缺乏行动的人，而有轻视之意。这大概是责备议论与实行不相一致，就是说议论与实行不可丝毫抵触，而应互相平衡。现在为了使初学的人便于了解起见，特采用思想与行动二语，将二者相辅相成方能有益于世的道理和二者失去平衡时就会发生的弊病论述如下：

第一，人的行动有大小轻重之别。演戏、求学都是人的行动；拉人力车、驾驶轮船、扶犁耕田、挥笔著书也都是人的行动。凡不愿做官而愿当学者，不愿拉车而愿学航海之术，不愿做农夫而愿著书，就是指人们辨明行动的大小轻重，舍其轻者小者而从事其大者重者，这是人间美事。其所以能够辨别，就全靠人的心思志愿。有了高尚的心志，才能成为高尚的人物，所以我说人们要有高尚思想，没有高尚的思想，就没有高尚的行动。

第二，人的行动不论难易，有的效用较大，有的效用较小。例如围棋和象棋并不容易下，研究这些技艺和运筹谋划之难与学习天文、地理、器械、数学无异，但其效用的大小却不可同日而语。凡能辨别有用和无用而从事有用工作，就是思想明白的人。所以说思想不先明确，则人的行动就会徒劳无功。

第三，人的行动应该合乎规律，必须认清行动的场所与时间。譬如宣传道德固属美事，但在欢宴时忽然提倡起道德来，却只会招人嘲笑。又如书生的激烈议论有时也很有趣，但在亲戚儿女欢聚一堂之际，听到这种激烈议论，却可以说是不合时宜。凡能辨别适当场所与适当时间，使行动合于规律，就是头脑清醒的人。如果盲目行动而头脑不大清醒，就好像蒸汽缺少调节机关，行船没有舵桨，不但无益，反而有害。

第四，以上说明行动时如果思想不大周到细致，就会发生弊病。兹从相反的一面来说，尽管思想高尚远大，如果没有实际行动，也是不对的。凡是好高骛远而缺乏实际行动的人往往心怀不满。这种人在考察世情而寻找工作之际，虽见有可做之事，但不符合心意，不愿从事。他们欲行其志而不采取实际行动，特别是不能承当时，却认为罪不在己而归咎他人，或者说“生不逢时”，或者说“天命未至”。好像天地之间无一可为之事，屏居独处，沉思郁闷。口出怨言，面有怨色，就好像周围都是敌人，天下无人关心他。这种心理状态又好比并未贷款与人，却怕人家不还。环顾今天的社会，儒者患无人了解自己，读书人恐无人帮助自己，做官的愁无进身之阶，商人怕生意不好，废藩以后的士族患无谋生之路，不在职的贵族怕人不恭敬自己，朝夕忧虑，闷闷不乐，觉得今天社会上这类不满意现象很多。这种心情，我们在日常与人交际时，察言观色就可以知道。能够议论风生，容貌开朗，胸襟愉快溢于言表的人世间殊不多见。我们经常看见人们发愁，很少有快乐的时候，从其外表看来，好像发生了不幸之事，等待人来慰问，大有令人怜悯之态。我想假如这些人安分守己，各干分内的工作，应可得到快乐的园地，事业也会日见进步，思想行动也应可以平衡一致。只因驰心外骛，心志远远超过其行动，以一当十，得十求百，结果求之不得，徒生烦恼。就好像希望石刻的地藏菩萨有明快的灵魂，希望中风的病人增进神经的敏感，其心中的不满和不如意是可以想象的。

凡是理想过高，缺乏实际行动的人，有时会被人厌弃而陷于孤立。以自己的行动，同别人的行动相比较，本来自愧不如，但以自

己的理想来观察别人的行动时,却感觉到大不满意,而自然产生轻视别人的念头。须知轻视他人亦不免被人轻视。互抱不满,互相轻蔑,终于不免招致怪物之讥,为社会所不齿。试看今日社会情况,有的是因为傲慢不逊而被人厌恶,有的是想出人头地而被人厌恶,有的是多求于人而被人厌恶,有的是诽谤别人而被人厌恶。这都是因为对人衡量失当,即仅以自己的理想为标准,对照之下,依凭想象来衡量别人的行为,致启被人厌恶之端,结果自避他人,陷于孤立的苦境。我要劝告后学青年,如果不满意别人的工作,最好想想自己干起来又将怎样。例如见人经商笨拙,就想想自己经商又将怎样。又如认为邻居不善持家,就想想自己管理这样的家计又将怎样。再如想要批判别人的著作,就想想自己执笔著书又将怎么样。他如批评学者,批评医生,都要想想自己如果当了学者、医生又将怎样。总之,无论事之大小,如果想批评别人的行为,就应当首先设身处地仔细想想。对于不同的职业,更应考虑其行动的轻重难易。对于不同的事务,亦应按照实际情况,把自己和他人的行动加以比较研究,才不会产生很大的错误。

第 十 七 篇

论 人 望

在十人所视百人所指的情况下,说“某某是确实可靠的人,托以某项事务，一定不会错，付以某种任务，必可期其圆满完成”，预先信赖其人品，把社会普遍寄以希望的人，称之为有人望的人物。

人们在社会上的人望，有大小轻重之分。如果得不到人们的信赖，就不能发挥任何作用。姑且从小的地方说起。例如叫一个学徒拿一角钱去买东西，他就只有一角钱的人望，也就是在一角钱上得到信赖的人物。如果付托的钱从一角到一元，从一元到千元万元，一直到充任拥有几百万元资金的银行经理，或一府一省的地方长官，不仅掌管大量的金钱，还要负起决定人民的利害和贫富荣辱的重责，一定是素有人望的人，才能当此大任。不是得到人们信赖的人很难胜任其事。得不到信赖，就会对他发生怀疑，一怀疑起来就没有止境，结果设置监督，任命监察加以严密监视也是徒劳，反而伤了感情。这种实例是很多的。如人们都相信三井、大丸①的商品货真价实而盲目购买；又认为马琴②的著作一定有趣，一看标题，即大量地预约定购。因此三井、大丸的生意益臻兴隆，马琴的著作日渐畅销。在商业和著述方面尚且如此，可知得人望的重要性。

让有百斤力量的人扛百斤之重，将千金之款借与拥有千金财产的人，这是根据实力行事，与无形的人望信誉无关。但是世上的人事，往往不是这样简单淡泊，有人无百斤之力，却能撼千斤之重；又有人虽无千金的财富，却能运用数十万元之款。今试突然前往著名富商的账房清查他的出入账目，可能发现收支相差到几百几

① 均为日本的著名百货商店。——译者

② 泷泽马琴(1767—1845)，日本德川末期的小说家。——译者

千元之多，而且可能远远超过这个富商的全部财产。这时他亏空几百几千，连一个一文不名的乞丐还不如。但是社会上的人，并不把他看作乞丐。就是因为这个商人还有人望，可见人们在社会上的人望，既非由力量大小而定，也非由金钱多少而得，而是依凭聪明才智的活动和正直道义的信誉积累起来的。

那么，人望属于智德范畴，应当是肯定的了。但是古今社会上的事实，却不全是这样，而且有很多恰好相反的现象。例如庸医为了增加声誉而大大装潢其门面；药商为了推销药材而挂上金字招牌；矿山主人在账房里装置空空的金柜；学者在书架上排列长年不读的原文书；还有人坐在人力车上翻阅报纸，到家后却大睡其懒觉；又有人星期日在礼拜堂里哭泣祈祷，次朝却与妻子大事争吵。在复杂的社会里，真伪不分，善恶混淆，孰是孰非，判断非易。甚至表面上好像是众望所归，实际上却是愚昧缺德、寡廉鲜耻的人。因此见识远大的人，每视荣誉为浮世之虚名，不屑追求，甚至避之唯恐不及，实不为无因。其用心倒也值得称道。

可是世间凡百事物，如果专就一个极端来看，即不免发生偏差。如上所述，所谓有见识的人不求世间荣誉一事，似乎大可称道。但在决定求与不求之前，首先不可不辨明所求荣誉之性质。若所求果系极端的虚名，如庸医的门面和药商的金字招牌，自应远避。但从另一方面来说，社会上人事万端，也不一定全属虚伪，因为人们的智德，好比是开花的树，荣誉人望好比是花朵，栽树而开花是当然的结果，又何必远避？如不明辨荣誉之性质，一概抹煞不顾，即无异毁花而隐树了。隐树即不能发挥其功能，恰如死藏活物，是于事无补的。

由此可见，人们不仅可以谋求人望荣誉，而且应当努力争取，要紧的只是所求要恰如其分罢了。以身心的活动来争取社会上的人望，好比用斗量米给人一样，量法高明的，可能一斗量出一斗三合；不高明的可能只量出九升七合。我们所说的恰如其分，是不多不少，一斗就是一斗。用斗量米的方法虽有巧拙不同，但所生偏差，不过二三分上下，若以同样方法来衡量才德的作用，其偏差就绝不会止于三分。高明的可能多量出二三倍，不高明的却会少量一半，这种不规则的量出行为，对社会妨害很大，原属可恶，但姑置不论，这里只为严格衡量才德的实际作用的人聊进一言。

孔子说道："君子不患人之不知己，患不知人也。"这是孔子为了矫正当时世间流弊而发，讵料后世无志气的腐儒竟将此言认真接受死记心中，不知灵活运用，结果益增流弊，终至成为无言无情的怪物奇人，不解忧乐的木偶，而世人反而尊之为崇高幽雅的君子，岂非天下奇谈？我们现在如果要想改正陋习，进入活泼生动的境界，多接事物，广事交游，知己知彼，尽量发挥一己的才能来为个人、为社会人类造福的话，就须具备以下的条件：

第一，必须学习语言。文字本为记事达意的有力工具，对于著述通信，尤为重要。但如与人接近和直接表达己意，则非语言不可，所以言词必须流畅活泼。近来社会上演说会很多，可以听到有益的事情，诚属有利，如言语通俗流畅，则演说者和听众双方均感便利；但如短于言词，词汇贫乏，听众即觉听不顺耳。例如教师在讲堂授课，遇到从外文译出的讲义上有"圆的水晶球"一语，教师本人以为意甚明显，不必多加解释，仅正颜厉色的凝视学生，反复地说"圆的水晶球"，而学生则仍不甚了解。如果是词汇丰富善于辞令的教师，就会这样详加说明：圆是周围无角，好像我们常吃的丸子；水晶是从矿山挖出来的像玻璃一样的透明体，甲州[①]等地出产甚多。用这样的水晶加工磨制出来的圆球，就叫“圆的水晶球”。这样一说明，则虽妇人孺子，也能充分明白了。不能流畅地使用语言，是不肯研究演说技术的过错。有的学生说“日本语很不方便，不能写文章和发表演说，所以，可以说英语，使用英文”，这真是毫无价值的混账话。大概这个学生是生于日本而尚未充分掌握日本语言的人。一国语言是随着本国事物的发展而渐渐丰富起来的，国人应无不能流畅使用之理。别的姑且不说，现代日本人，必须努力掌握现代日本语言来提高言谈的水平。

第二，容颜要和蔼明快，不要使人望而生厌。胁肩谄笑，巧言令色、阿谀奉承，固属可鄙，而终日愁眉苦脸，如坐愁城，如丧考妣的人也令人生厌。须知容颜活泼愉快，是人的品德条件之一。在处世接物上至关重要。人们的容颜，好像家宅的门户，要广交好客，首先要打开门户，洒扫门庭，使人乐于前来。可是现在有些人与人交接，非但不和颜悦色，反而摹仿伪君子的模样，态度枯涩，这就等于在门口挂上骷髅，门前摆口棺材一样，又有谁来与你接近友好呢？现在世界上都称赞法国是文明的泉源和传播知识的中心，这是因为法国人民举动活泼轻快，言语容颜和蔼可亲，并蔚为风气的缘故。

也许有人会说，“言语容颜属于人之天性，未可强求，要议论它也议论不下去，纯属徒劳无益”。这句话好像是对的，但如自人智

① 甲州即甲斐，首府称甲府，属山梨县。——译者

发育的原理上来看，即可知其不当。大凡人的思想活动，只要进行思考便不会停止不前，这与人活动其四肢即能强健筋骨无异。言语容颜既然也是人们身心的活动，如经常放置不用，又怎么会自臻上乘？可是古来日本国内的习惯，对于这样重要的身心活动向不注意，这是非常错误的。所以我们希望今后虽然不一定把言语容颜说成是一种学问，但也应该把这项身心活动当作品德条件之一，不可等闲视之，而须经常加以注意。

又有人说，和颜悦色是修饰外表之事，如果把修饰外表当作人与人交往的要道，就不能只限于容颜脸色，他如衣服饮食也应该加以讲究；如以身份不相适应的饮食招待气味不相投的客人，即犯了待人虚伪的毛病。这句话也似乎有理，不过虚伪是交际的弊害，究竟不是交际的本质。事物的弊害多与其本质恰相反对，所谓“过犹不及”的话，就是弊害和本质相反的评语。例如吃东西的目的本来是营养身体，但过食反有害于营养，营养是吃东西的本质，过食则为弊害。这就可以说是弊害和本质相反。总之与人交际必须出自和睦至诚。如果流于虚伪，就不是交际的本质，反成交际的弊害了。

大凡世间亲莫过于父子夫妇，称之为天下的至亲。而保持此种至亲关系的力量，除和睦真诚外别无他物。故须清除表面的虚伪。虚伪清除干净后才能看到至亲之所在。要使社会交际的关系亲睦，也重在真诚，这和虚伪是不能相容的。当然我们现在并非希望一般人民之间都建立父子夫妇一样的亲密关系，不过指出其应当遵循的方向罢了。现在一般对人的通俗评语，如某人爽快，某人急躁，某人太不客气，某人淡泊，某人很有丈夫气，某人言虽多而不失为好人，某人虽好闹而不是坏人，某人虽沉默寡言而甚亲切，或某人虽外貌可怕而系有口无心的人等等，恰好都能表明家人之间的关系，真可以算得和睦真诚了。

第三，世人每多曲解“道不同不相为谋”[①]一语，以为学者是学者，医生是医生，只要职业不同即老死不相往来，虽有同窗同学的交情，一旦离校分手以后，或为商人，或为官吏，即千里隔绝，视同吴越，而忘置脑后。其实人们交朋友，不但不应疏远旧友，更宜兼求新交。因为人们如果不相接触，即不能互通声气，从而也就无法了解对方的为人。试想世间的士君子，一旦陌路相逢，岂能成为一生的密友？十人中偶然获得一人，二十人中便可偶然获得二人。人们要想彼此了解，均非从交际开始不可。人望荣誉可以姑置不论，环顾现在社会上一般所谓知己朋友，多半都是为了彼此的目前利益。早年同船过渡的人，今日偶然相遇于银座[②]街头，可能无意中互得便利；今年常来我家的菜贩，来年也许会在遥远的旅途相遇，得他看护我的病体。人类虽多，究非牛鬼蛇神，更非伤害我的恶敌，实应毫无忌惮地推心置腹，慷慨周旋。所以广交之道，就在于尽量多方面地开动脑筋，在多才多艺、不偏一隅的原则下，广事交接。或以学问接近，或经买卖相交，或作书画密友，或成棋弈对手，只要不是放荡冶游的坏事，无一不可作为交友的机会。哪怕是缺少才艺的人，也可以和他们一起吃饭喝茶。再等而下之，与身强力壮的人掰腕角力，玩木枕游戏[③]，也可以尽欢助兴，有助交际。

① 见《论语·卫灵公篇》。——校者

② 东京的一条繁华街道名。——译者

③ 两个人分别用指头抓住一个木枕的两端，相互争抢木枕的游戏。——校者

掰腕与学问虽然是道不同不相为谋，但以世界土地之广，人类交际之繁，岂能与井中之蛙相提并论。人而不愿与人为伍，岂不是怪事吗？

附录:评《劝学篇》

近来批驳福泽氏所著《劝学篇》的文章很多,而其锋芒所向好像针对书中的第六、七两篇。世上有见识的人本来有权各抒己见。我并不是要反驳批评者,以笼络整个社会的议论。但是有见识的人,大多不仅不看全书,甚至对其批驳所指的第六、七篇也未通读吟味,而似乎是仅就书中的一章一句遽然作出评价。这就是我要在这里略述一言,公诸于世的原因。

《劝学篇》第六篇论述尊重国家宪法的缘由,责难私人制裁的弊端,指出以国民的身份居于政府之下时,生杀予夺之权全都听任政府,人民就此事不能有丝毫权利;并论述到,如若把这层意思扩大到极端,即使强盗侵入自己家中,本人也没有理由妄自下手,痛切地阐述了私人制裁之不妥。卷末还指出赤穗义士及暗杀政敌等的事例。根据我的理解,第六篇的内容就是这样。

第七篇,如卷首所述是第六篇的补遗,为了便于人们了解文章的主旨,把人民的身份分为主客两种,以客人的身份来说,不可妨碍政府的宪法,既已确定彼为政府此为人民,便应奉行明治年号居于政府之下。如果作出这种约法之后,即使政治法律有不妥之处,也没有理由以其不妥为口实来破坏它,专门强调作为政府的实际权威;再以主人的身份来说,指出如果向政府缴纳费用,委托其作各项保护,则损益人民均须接受。对政府的处置有不放心之处,可恳切上告而不必顾虑,应稳妥地加以申述,强调要使日本人民每一个人都以国为家，共同保卫全国的独立，这是第七篇的主旨。

文章中间说明了政府的变质，作者提出了一个难题，指出政府如忘记其本分，对人民施行暴政时，站在人民的立场应当怎么办呢？对此，文中附有三条答案：第一、如果屈从，屈服于暴政，则给天下后世遗留下恶例，可能导致全国的衰微，所以关怀国事的热心志士不能采取这种不诚实的行动；第二、那么可以用武力对抗暴政吗？内乱之师，祸害无可比拟，绝不可行；第三、指出以人民的身份处于暴政下，应当坚持真理，不畏个人的痛苦，而宁为殉道者。严厉制止对人民的暴举，不靠武力而凭借道理，以理来维护事物的秩序，这是文章的主旨。这一段是美国威兰德氏的《修身论》第366页的摘译，现在把原书的下文译出，以补充上文的不足。该书的第367页的原文说："在英国查理一世时代，人民不堪政府的暴政，群众议论蜂起，以致发展到内战，于是王位被废黜，一度实行共和政治，但人民并未因此获得自由。那种共和政治不多几年又废止了，到了查理二世即位，政治上愈益强调专制，对英国人来说，就好像是追求自由而失去了自由，实行暴力而招致暴政一样。内乱的不良后果由此可知。查理二世时代，改革民间风气，不靠武力而提倡道理，为真理而献身者比比皆是，以殉道者的功德而开创了今天在英国所实行的自由独立的基础。"

篇末说的是上述殉道者的故事。把内乱之师与殉道者加以比较，其得失如何呢？人的行为，忠义虽然可贵，但只有所谓"舍弃一命是为忠义"这一条路并无可羡之理。忠仆缢死，如果不考虑当时的情况，只就其死亡一事来看，不能不说是忠义之死。忠臣义士之死是死，权助之死也是死。然而权助之死能够成为他人的榜样吗？

不，绝不能。那只是愚直的无代价之死。为什么说它是无代价之死呢？因为它对社会文明丝毫没有益处。可是，看看古代历史，涉及忠臣义士的传说中，为国为人杀身捐生者为数甚多。北条氏灭亡时，北条高时自杀，从死者有六千八百人。即使北条高时是贼，这些从死者却不能不说是北条家的忠臣。此外武田、上杉交战时，双方同是为君主舍命杀身者不可胜计。但从今天来看，他们是为了什么去死的呢？即使今天在日本发生甲越之战[①]，其战死之士，只能认为是徒劳之死，这是文章的主旨。

下面再援引外国的例子，来补足上文的意思。从前在法兰西及西班牙，由于宗教派别不同发生了战争，以君命杀人或重视君命而杀身捐生者不知有几千万之多。虽然其人物之忠诚，实在是无愧于天地，但用今天欧洲的开明眼光来看，为宗派教义而死的人，不能不说是死无代价。

上面为什么说忠臣义士之死不过是徒劳之死或无代价之死呢？因为当时正值蒙昧未开化的时代，人们所追求的仅限于各自的局部目的，尚未达到着眼于普遍的安全繁荣。这不是个人的过错，而是时代的趋势。在古代是忠死，在今天则是徒劳之死，所以从后世来看，其志可羡，其行为则不可取。《朝野新闻》第368号发表的爱古堂主人的评论中说"在上述事情上绝不会有那种目的，而这个禁止报仇的说法是很难理解的。"但是考察时势的变迁和文明的先后，并不妨碍我们在数百年之后说，那种人并没有今天的文明

① 甲越之战：甲指甲州（甲斐）、越指越州（越前、越后），即指武田（信玄）与上杉（谦信）之间的战争。——译者

的目的。说他们没有那种目的，并不能说那是古人的耻辱。并且到了今天，文明的事物虽然大有可观，但也没有理由以此作为今人的面貌，夸耀说今人优于古人。古人是在古代作古代之事的人。今人是在现代作今天之事的人。二者都不能不说是人类的职责。

楠公的事在《劝学篇》中虽然没有形诸文字，但对舆论界的见解，下面我要略加论述。楠公的忠诚义气本不待喋喋论述。福泽氏说过楠公与权助是同一类人物吗？说过元弘正平之际，楠公之外，若有权助其人，他们的功业并无优劣之分吗？不用说福泽笔下未写，言外也未见有那种含义。福泽氏立论的要点在于时势的变迁和文明的先后。他把忠臣义士与权助加以比较，只是就死亡一事而言。这好比说，义士如正宗的宝刀，权助似生锈的菜刀。以死亡一事来说，正宗宝刀也好菜刀也好，其质地均为铁，而论其功用与品质的轻重，把两者放在同时同地的时候，其天壤之别本不可比较。这不仅于理不合适，听之不是首先会令人捧腹大笑吗？只要是具备人心的都可能加以辨别。元弘正平之际，楠公建立功业正是使此宝刀放射出光辉，为王室谋划，在全国除这个耀眼的光辉外没有值得一顾的。然而楠公之所以尊贵，不是其死而在于他的活动。他的活动指的什么事呢？这就是指把日本的政权复归于王室的活动。在这个时代楠公的举动没有丝毫可加非议之处。可以说他是尽其本分的人。

话虽如此，这里考察一下时势的变迁，把元弘正平年间和明治年间拿出来比较，论述日本人可以正当从事的活动就必然有很大的不同。元弘正平之际，王室虽然失去政权，但夺取政权的是北条氏或足利氏。最终在日本国内的事情上，若以血统来说，北朝也有天子。自古以来不论什么样的乱臣贼子并没有直接窥伺天子王位的人，这一点楠公自己大概也相信。然而楠公并不以此为满足。作为自始至终争正统，欲将政权复归于王室，力竭而死的人，想到他偏处局部的情况，虽然无限遗憾，其政权虽然最终失去，但并非落入外国人手中，不转移到外部，就有可能期望再次恢复，楠公即使当时在失望之中，本人可能还抱有万分之一的希望。所以用生活在明治年间的日本人的忧虑来看，元弘正平年间的时势还有可容忍之处，可以说楠公的任务比今天日本人的职责要轻。这也是时势的变迁、文明的先后所致。对此不可不加深思。当前的时势实在是我国自开天辟地以来第一次遇到的最大的困难情况。

话说回来，明治年间的日本人可忧虑的是什么呢？这就是与外国的交往。看看今天的外交情况，如以做买卖来说，外国人是富裕而智巧，日本人则贫穷而笨拙。若以裁判权来说，日本人动辄蒙曲者多，而外国人逃避法律的并非没有。学术必须向他们学习，财源也不得不向他们借。如果我国逐渐开放一步步趋向文明的话，他们便提出自由贸易的主张，一下子窜入内地，在各种各样的事情上他们主动我们被动，几乎不可能达到内外平等。这种形势逐步发展，如果国内人民依然不改旧习，即使与外国不发生战事，也不能期望我们国家权力不衰微。更何况发生万一的事故呢？想起来岂不令人寒心？

在此困难的时势下，作为日本国民，我们能够说如果有事只好献出一条生命以尽本分吗？我的看法绝非如此。元弘正平的政权虽归于足利尊氏，而明治时代的日本不可能有足利尊氏。今天的劲敌，隐然在于西洋各国。本书第三篇所说的大胆和剽悍的外国人指的就是此事。当前,我国政权如果失去,那政权就不是离开王室而是离开日本,离开王室还有可以恢复的时候,离开国家便一去不复返了。印度的覆辙岂可重蹈?我们应当着眼于事情的大小轻重。在此困难的时势下,楠公的所作所为值得学习吗?我的看法绝非如此。楠公之志可羡,其行为不足为榜样。正如前面的例子所说,楠公的行动犹如正宗的宝刀,在刀剑的时代固然可以以此刀为最高物品,但是随着时代的变革,形势已发展到宝刀不能发挥作用的地步,所以不能不开动脑筋另想办法。这就是时势变迁的道理。楠公的时代没有外患。既然没有外患,也就不会有对付的办法。这不是楠公的过错,绝不可加以责备。然而当代的士君子,羡慕古代的忠臣义士,在羡慕其志向之余,又想兼学他们的行动,这就好像有的人以古时的行动施之于现在的时务,丝毫不动脑筋,想原封不动地加以搬用。若是形容一下其中的含义,它和到了流行手枪的时代还打算使用古代的刀枪毫无二致。这就是我所以发生怀疑的缘由。以我的眼光来考察楠公,如果让楠公生活在今天,他必定以一身而担当起全日本的独立重任,努力让全国人民都获得各自的权利,实现普遍的安全繁荣,提高全国的国力,用国家的力量来维护王室的延续,使金瓯无缺的国体日益放射其光辉,以与世界各国并驾齐驱。这就是今天文明的大义。要完成这个大事业,岂能只期望一死呢?一定非有千变万化的变通不可。假定今天让俄英军舰侵入兵库港,楠公绝不是以湊川一死而自以为快的人。我们虽不能揣测楠公的处置,但肯定可知他另有变通之策。归根结底,死是肉体的活动,匹夫也有缚首死于沟渎之事。而变通是智慧的工作,是洞察时势的变迁、事物的轻重的能力。楠公绝不是匹夫。如果生活在今天，他一定会瞻前顾后，不是仿效元弘正平之事而应当另有举动、别有死所。概括来说，元弘正平之事是内务，明治之事是对外。古代的事是小事，今天的事是大事。这就是楠公的行动在元弘与明治年间可能不同的原因。所以羡慕楠公为人的人，如果在当代模拟他的活动，应当想象这位英雄在明治年间可能正当从事的活动，并努力仿效他的榜样。这样一来才可以说是真正了解楠公心事的人。看到元弘正平时代的楠公，便认为楠公到了几百年后的今天还会从事同样的活动，这种人可以说还不了解楠公的为人，反而是在蔑视他。为楠公考虑，我们不能不感到遗憾。归根结底，楠公的诚意虽然千万年相同，其行动一定不会相同，楠公之所以是楠公，只在此一事而已。

说到变通，血气方刚的少年之辈也许有人会误认为这不过是卑怯的遁词。因此不可不平心静气地加以思考。弘安年间，北条时宗刀斩元使，也许无妨称之为义举。然而此举在弘安年间是义举，但是如果让北条时宗生活在明治年间斩杀俄英使节，而明治时期的人又羡慕北条时宗的义举并仿效其行动的话，结果会如何呢？我们不得不称之为狂举。同样是斩杀外国使节，为什么古代称之为义，现在称之为狂呢？这又是时势的变迁、文明的先后所致。把时代和场所一切考虑在外的时候，不论什么事物，也就无所谓妥当与否了。变通的道理正在于此。

福泽氏立论的要旨如上。由此看来，福泽氏并非不了解楠公，他比世间有见识的人对楠公了解得更详细。然而最近所以出现众说纷纭的批驳，是因为相互还没有完全了解对方，而是以极端的论调争论的。总之像社会上的报纸投稿人那种爱国的正义感固然十分旺盛，但他们看待外交上的困难不像福泽氏那样确切；谋求国家独立也不如福泽氏那样深切；对时势变迁的考察不如福泽那样周详，衡量事物的轻重不像福泽氏那样明晰，最终不免陷于细枝末节的肤浅争论。我想福泽氏并不怕舆论的喧嚣，反而是在为我们日本国内的各种议论水平不高，正如这次争论表现得十分浅薄而感到忧虑。

世间又有人用主张共和政治或耶稣教之类论调来批驳福泽氏。这是何等的迷惑啊！说福泽醉心耶稣教，主张共和政治，到底是在哪本书上写的，又是听什么人传出来的呢？福泽氏是民权的主张者，不喜欢世界上实行的专制政治。他公开倡导此说，指出主张上述说法的并不是我。自古以来，我们日本也有专制的流弊，人民的志气为之退缩，他们有恐惧心理不足与外国打交道，所以福泽氏素来的志向只在于努力纠正这种流弊，主张民权而防止偏重于国家权力，加强约法以发扬政府的权威，提高整个国家的力量，抵抗外国以保持我国的独立。论述一切事物时，首先必须指出该物的区别。不论共和政治，耶稣教，民权，专制，哪一个都不是同一个东西。福泽氏特别厌恶专制的暴政。这也不限于福泽氏，举凡人类可能没有人喜欢它。岂能只有一个福泽这样的奇人厌恶暴政之理。还有宗教和政治又是完全不同的东西。关于宗教，福泽氏多年来也有论述，这里不赘（此论若以社会人士揣度福泽的心理来聆听，一定会大吃一惊）。另外，能够说专制、暴政之类必定与君主政治相伴，民权、自由之属一定是与共和政治并行的吗？人们果真是读了什么书，听了什么人的谈话，而作此主观臆断的吗？下面试加辩驳。

专制犹如热病,政治好比人的身体。人身虽有男女老幼之别,但都会患热病。政治虽然也有君主、共和之别,但都可能施行专制的恶政。只是君主专制出于一人的意志,共和的恶政成于众人之手,二者虽有这种差别,但他们施行专制恶政的事实则没有不同。这好像人身虽有男女老幼之别,而患热病的事实则同。不论用什么样的主观臆断来作判断,也没有理由说患热病一定限于男子,施行专制必定限于君主政治。

法国基佐氏的《文明史》说过,君主政治既可实行于人民墨守阶级的印度等国,反之也可实行于人民群居而漠然不知上下之别的国家。或者既可实行于专制压迫的世界,也可施行于真正开化的自由之乡。君王正像一种珍奇的头,政治风俗宛如身体,用同一个头可接于不同的身体;君王恰如一种珍奇的果实,政治风俗好像树木,同一个果实常常可以出现在不同的树上。

以上并不是什么奇谈珍说。稍许有志于学问的人早已应当了解这些事情,到了今天还用耶稣教、共和政治之类陈腐的西洋学说提出些许疑念,这必然是有所掩饰,可能是用一只眼睛看东西的弊病。探寻一下其所掩饰的缘由,所谓人民同权就是共和政治,共和政治就是耶稣教,耶稣教就是洋学,不过是用自己的主观臆度和想象把事物混同起来,说什么福泽是洋学家,所以他的民权学说可能是我向来所想象的耶稣共和,从而一心一意要对之表示愤怒吧?这里我要用通俗的语言来解除他的疑虑。人们常说,酒铺掌柜不一定是酒徒,点心店老板不一定爱吃甜食,世人从其店铺门前走过,不要遽然评品其内部,不要窥测其店铺而对其掌柜发怒。这种愤怒虽系爱国的诚意,不是其个人的私心,但是这种人可以说是所谓有爱国之心，而不辨爱国之理。

庆应义塾　五九楼仙万[①]记

明治七(1874)年十一月七日

（东尔译）

① 此笔名的寓意是：你太操心了。

译校后记

福泽谕吉(1834—1901)是日本近代的杰出思想家。他出身于德川时代[1]末期下级武士之家,深刻体会到封建制度的腐朽,又因早岁学习西学,复曾三度游历欧美,受到近代科学和资产阶级自由民主思想的影响,便立志与封建体制及其意识形态作斗争。他一面介绍先进国家情形,以促进"文明开化";一面极力宣传自由平等之说,以倡导民权,又鼓励日本人发扬独立精神,以保持在列强环伺下的日本民族的独立。福泽毕生从事教育与著述事业,对于日本资本主义和资产阶级民主运动的发展起了巨大的推动作用。

福泽著译的书达六十种之多。本书《劝学篇》是具有代表性的主要著作。当时畅销全国,所起的作用很大。

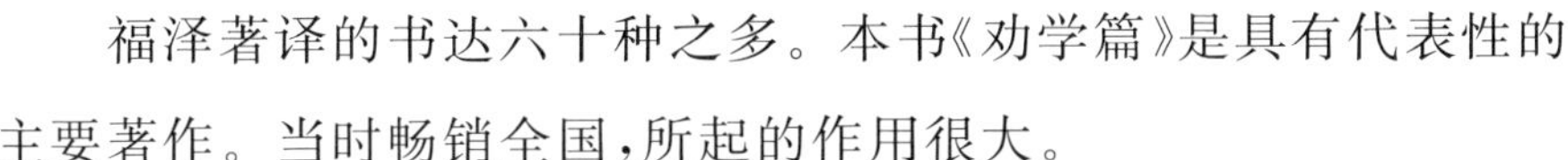

本书共十七篇,陆续发表于1872年至1876年,即正当明治政府完成"废藩改县"(1871年),日本资本主义开始大步前进的时候。福泽反映了日本新兴资产阶级的要求,在本书内充分发挥了人们生来平等自由之说,并根据社会契约论而肯定人民是国家的主人,号召日本人民舍身卫国,使日本文明赶上先进国家。此外福泽对文明的进步显示了充分的信心;勉励学者们不要独善其身,而

---

① 日本历史上的一个时代(1603—1867),亦称江户时代。初代将军,亦即当时日本的实际统治者为德川家康,故名。——译者

须兴办事业，促进文明，为世人造福；并力言学问不只是读书和空谈理论，而须与实际生活相结合。这也表现了新兴资产阶级的进取与现实精神。

当然福泽终究是资产阶级思想家，所以他所倡导的自由平等独立只能局限于资产阶级所要求的范围；特别是由于日本资产阶级的民主运动是未完成和极不彻底的，而欧美的资本主义国家已进入帝国主义阶段，所以反映在福泽身上的资产阶级民主思想是极富于妥协性的。在本书里面就可以看出，福泽虽然认为人们生来是平等的，但又承认由于学问上的努力程度与造诣不同而造成的财富、权力和地位的不平等现象。结果他所标榜的平等只是抽象的议论，而他所承认的不平等却是社会生活的现实。同样地，福泽虽然根据社会契约论而肯定人民是主人，但又从同一论据认为人民既已约定把权力委交政府，就应该恪遵法令，负担经费，绝不可违抗，否则就是违约。以当时日本的实际状况来说，政府就是维新以后成立的天皇制专制政府，人民群众处于被奴役的无权地位。福泽的观点仅仅承认日本人民是抽象的“主人”，而实际上人民作为被统治者和赋役负担者却成了理所当然的事。福泽虽然痛斥封建的上下尊卑的“名分”，但又认为人们必须遵守“本分”或“职分”，作为人民来说，其“本分”就是实行上述与政府“约定”的事项——守法与纳税，凡此种种，都充分暴露了福泽的民主思想的妥协性和不彻底性。

日本的近代史实告诉我们，当明治初期（1877 年以后）日本人民掀起自由民权运动，向明治专制政府要求实施资产阶级议会民主时，曾在思想上对这一运动起过推动作用的福泽却没有参加，甚

至后来还对天皇“恩赐”的帝国宪法表示拥护。接着领导运动的资产阶级分子也叛离群众,与专制政府妥协。从此,在日本推动民主运动的责任就落在逐渐形成和壮大的无产阶级肩上了。

以上史实又一次说明资产阶级只是历史的范畴,因而属于这个阶级的思想家也不能不受到历史条件的限制。但我们也不可以因此抹煞福泽在日本近代史上所起的重大积极作用,而本书尤其可以说是日本近代思想史上的一篇重要文献,因此我们认为把这本书翻译介绍给中国读者,供研究日本思想史作参考之用,是具有一定意义的。

中译本1958年11月初版。这次再版,我们请东尔同志根据原文对全书作了校订,又补译了作者化名写作的《评〈劝学篇〉》一文,一并供读者参考。限于水平,译文容有不妥之处,敬请读者批评指正。

1983年12月

图书在版编目(CIP)数据

劝学篇/(日)福泽谕吉著;群力译.—北京:商务印书馆,2017
(汉译世界学术名著丛书:120年纪念版:珍藏本)
ISBN 978-7-100-14796-5

Ⅰ.①劝… Ⅱ.①福… ②群… Ⅲ.①近代哲学—日本 Ⅳ.①B313.4

中国版本图书馆CIP数据核字(2017)第161063号

汉译世界学术名著丛书
(120年纪念版·珍藏本)
劝 学 篇
〔日〕福泽谕吉 著
群 力 译
东 尔 校

商 务 印 书 馆 出 版
(北京王府井大街36号 邮政编码100710)
商 务 印 书 馆 发 行
北 京 冠 中 印 刷 厂 印 刷
ISBN 978-7-100-14796-5

2017年12月第1版 开本710×1000 1/16
2017年12月北京第1次印刷 印张7½
定价:40.00元